ANTONIO LÚCIO
pelo espírito Luciano

Despertando sob CHAMAS

Dados Internacionais de Catalogação na Publicação (CIP)

M585d Messias, Luciano (Espírito).

Despertando sob chamas./ Luciano Messias. Obra psicografada por Antonio Lucio. -- Bauru, SP: CEAC, 2011.

232 p.; 14 x 21 cm
ISBN 978-85-86359-82-8

1. Obra psicografada 2. Meditações 3. Espiritismo
I. Lucio, Antonio (1943 -)
II. Titulo.

133.93

Revisão de Língua Portuguesa
Aline Cristina Moraes

Capa, projeto gráfico e diagramação
Maria Amélia Bittencourt
Renato Leandro de Oliveira

1ª Edição – Março de 2011

8.000 exemplares

Edição e Distribuição

Rua 7 de Setembro, n.º 8–56
Fone/ Fax (14) 3227–0618
CEP 17015–031 – Bauru–SP
editoraceac@ceac.org.br
www.ceac.org.br

Antonio Lúcio

Nasceu em Espírito Santo
do Pinhal em 06 de Março de 1943.
É casado com
Agostinha Fernandes Lúcio,
tem 02 filhos e 01 neta.
Contabilista aposentado, reside em
Mogi Guaçu - SP.

No seu currículo, constam vários artigos
publicados, composições musicais,
muitas premiadas, e 14 livros escritos.
Entre eles os romances: Lar Esperança e
Três almas e um destino.
Atualmente exerce atividades em
Mogi Mirim-SP., no Grupo Fraternal "Os Mensageiros",
como médium passista e expositor. Colabora também
como expositor no Centro Espírita Humildes do Caminho,
em Mogi Guaçu-SP.
Com entusiasmo e bom gosto, tem dedicado
sua vida escrevendo e compondo, levando a todos
a Doutrina Espírita.

AGRADECIMENTO

Ao Senhor de nossas vidas, que
tanto bem nos faz, agradecemos
pelo Amor e pela bênção da Paz.

Que nesses tempos agitados, que
tanto castigam o mundo, nos dê a
sua Luz e o seu Amor profundo.

Que embalados pelo Amor, quem
sabe em breves dias, os homens
aprendam a amar e multiplicar
as alegrias!

Obrigado, meu Senhor, pelo amor
que é vivido em cada igreja... Sê
louvado Senhor, agora e sempre...

Que assim seja!

APRESENTAÇÃO

À medida que os espíritos evoluem, as lembranças dos desacertos, já distanciados no tempo, os incomodam sobremaneira; podemos comparar ao motorista inabilitado que provoca acidentes em sua trajetória, sem importar-se em dar assistência aos feridos.

Ao chegar, porém, em seu destino, é informado de que diversas pessoas estão hospitalizadas, e uma, não conseguindo sobreviver aos ferimentos, faleceu. Infelizmente, nada mais ele conseguirá fazer pelo falecido, a não ser orar, lamentar-se e procurar sua família com a finalidade de ajudar de alguma forma.

Acontece da mesma maneira com os espíritos arrependidos, habitantes do outro lado da vida. Aos que buscam o ressarcimento de suas faltas, na trajetória humana, o arrependimento é o primeiro passo, isso, contudo, é muito pouco, pois o remorso não redime as faltas; é necessário avançar além...

Os acontecimentos da jornada terrena dificilmente coincidem com o que desejam as criaturas, principalmente quando descreem de um Poder Superior que permite serem as faltas corrigidas na vida futura.

A maioria dos seres, porém, desce por meio da abençoada oportunidade dos renascimentos como se viessem a passeio; imaginam-se turistas, desejosos de usufruírem o melhor sem se importar como deixam a paisagem encontrada.

Sabemos, ou pelo menos deveríamos saber, que iremos receber da vida aquilo que lhe doarmos. Ninguém depreda, destrói e devasta a natureza sem ser responsabilizado pelos seus atos.

Acontece de maneira idêntica com aquele que atenta contra a vida de seu semelhante; ver-se-á, nesta ou noutra existência, na mesma situação.

Em nosso mundo, todo e qualquer ato que vise reprimir ou cercear a liberdade de outrem pode estar fadado ao fracasso, devido ao esforço dos que tem condições de não sujeitar-se ao que querem lhe impor. O viandante atento, porém, pode percorrer seu percurso existencial sem tropeçar! Todavia, aquele que esburaca o caminho alheio pode um dia por ali passar e ser vítima da própria cilada.

É evidente que as ocorrências diárias, nascidas das mentes trevosas, acabam afetando em primeiro lugar aqueles que brincam com fogo; ainda mais de quem dorme renteando uma fogueira! Os que adormecem sem cautela poderão acabar: Despertando sob chamas!

Assim é que muitas mentes desequilibradas e envolvidas nas brumas das tristes lembranças enfrentam terríveis pesadelos ao reviverem as reminiscências do passado.

O mergulho no oceano das formas físicas é sempre o melhor remédio para esquecer os desacertos do passado e partir em busca da renovação!

Mogi Guaçu/SP, agosto de 2010.

Antonio Lúcio

Luciano Messias

SUMÁRIO

PARTE I

PARTE II

Despertando sob CHAMAS

PARTE I

O RETORNO

A *velha maria-fumaça* contornava lentamente espigões e serras, apitava repetidas vezes em cada curva e jamais chegava. Acomodada em seu interior, Rafaela Pontes Morgado Testa continuava na maior agitação, e tudo devido à saudade que apoquentava todo o seu ser.

As lembranças de quando saíra da fazenda a fim de estudar fora, já se lhe apagavam da memória. Estudara, formara-se numa escola zootécnica, e estava voltando para atender aos anseios do pai, um dos fazendeiros mais ricos da redondeza, que criava e mantinha as verdes pastagens cheias de gado, lavouras a se perderem de vista pelos muitos alqueires que possuía.

Finalmente, a bela jovem começou a reconhecer partes da Fazenda Boa Esperança e o seu coração, como um potro selvagem, começou a rodopiar dentro do peito repleto de saudade... Pôs-se a lembrar alguns nomes que o tempo praticamente apagou da memória: Joana, a velha cozinheira; Marcolina, a lavadeira; e uma outra que nem mais conseguia lembrar, devido ter sido contratada quase nos dias de ir para a capital.

Da turminha da infância, lembrava-se de quase todos, mas particularmente de Jacira e do irmão Marcelo, filhos do retireiro; de Irene, filha da cozinheira; e de Reginaldo, filho de Ovídio, o capataz da fazenda, com quem idealizara casar-se um dia, e com quem sonhou meses seguidos depois que saiu da Boa Esperança.

Como estaria ele? Teria se casado? Eram perguntas que careciam de respostas, mas que tão logo chegasse, procuraria descobrir.

Finalmente, o maquinista foi diminuindo a velocidade e o trem parou na velha estação. Rafaela, a única filha de Joaquim Morgado Testa, agitada ao extremo, não via a hora de poder abraçar pai e mãe. Sem nenhuma preocupação com o degrau da plataforma, pulou de encontro aos pais, gritando:

– Papai, mamãe... Quanta saudade...

– Nós também estamos, minha filha... Nossa Rafaela, como você está linda!

– Nem tanto, mamãe...

– Está sim, filhinha, concordo com sua mãe. Se você aparecer assim, na fazenda, suas antigas coleguinhas não vão reconhecê-la.

E enquanto a charrete ia deixando a estrada empoeirada para trás, Rafaela parecia não ouvir a conversa dos pais, para tão somente recordar a última vez em que passou por aquela estrada com os olhos orvalhados de pranto.

∆

Finalmente, surgiu frente aos seus olhos castanhos o telhado da casa grande, como era conhecida. Joaquim Morgado, sabedor da preferência da filha pela cor amarela, mandou pintar toda a fachada da casa nessa cor.

A Fazenda Boa Esperança estava todinha em festa, pois os seus moradores tinham curiosidade em rever a filha do patrão que voltou doutora.

Assim que Jair segurou as rédeas, o pai pulou ao chão e estendeu a mão ajudando-a descer. Sem esperar por ninguém, Rafaela subiu a escadaria correndo e chamando pela cozinheira:

– Joana, Joana, cadê você?

– Estou aqui Faelinha... A nega velha está morta de saudade de você... Vem cá e me dá um abraço gostoso...

E a saudade represada naqueles corações por diversos anos começou a dissolver-se no calor daquele longo abraço.

– Como você está bonita, Faelinha... Parece um anjo!

– Se existe um anjo aqui, é você, querida Bá...

O clima de amor fraterno criado entre a antiga babá e Rafaela foi quebrado bruscamente com a chegada intempestiva de dona Florência. Vendo que a filha ainda acarinhava o rosto da preta velha, foi dizendo:

– Vamos Joana, pegue essas duas malas e leve para o quarto da Rafaela, e coloque com cuidado todas as peças no guarda-roupa.

– Sim, senhora, patroa...

Em outros tempos, um simples incidente como este passaria despercebido, porém, agora que já tinha uma certa experiência de vida, Rafaela pensou: *Nossa! Será que mamãe está com ciúmes do amor e do carinho que tenho pela Bá? Preciso estar mais atenta, caso contrário, o generoso coração da pobre Bá é quem vai sofrer as consequências.*

ა

Após um demorado banho e ter descansado um pouco, Rafaela disse ao pai que queria dar umas voltas a cavalo, no que o pai foi lhe recomendando:

– Filha, você não acha que ainda é cedo demais para isso? Você já se desacostumou a andar a cavalo...

– Mas papai, eu sonhei tanto com esse momento que não estou aguentando...

– Tudo bem... Eu irei com você. Aguarde só um instante, vou pedir para o Jair encilhar dois, e claro, o mais manso para você.

Dentro de poucos minutos, o filho do novo capataz apareceu puxando dois belos cavalos pelas rédeas...

– Fiz como o senhor mandou, patrão, arreei o Campeão para o senhor, e o Baio para a moça.

– Está bem Jair, pode ir agora cuidar dos seus serviços.

Bem que Jair Herculano gostaria de ir

no lugar do patrão, acompanhando aquela bela mulher, mas fazer o que, ele não passava de um simples empregado.

Assim que se afastaram um pouco da sede da fazenda, Rafaela perguntou ao pai:

– Pai, onde está o Reginaldo, filho do capataz, que ainda não o vi?

– O Reginaldo sumiu, minha filha... Andou aprontando pela redondeza e, talvez com medo da polícia, nunca mais apareceu... Por falar nisso, o capataz não é mais o Ovídio de Freitas. É o Jairo, pai do Jair.

– Nossa! Papai. Que coisa triste; coitados do Ovídio e de dona Conceição!

– Coitados por que, filha? Eu não os dispensei; o Ovídio que, talvez envergonhado pelos atos do filho, pediu a conta. Quem é pai sempre procura justificar os desacertos dos filhos, mas nem sempre consegue... Andou sumindo gado pela redondeza e acham que foi ele, só que até agora ninguém conseguiu provar nada, e nem achá-lo.

– Coitado do Rê, papai... Ele parecia ser boa gente quando criança... Dificilmente ele se desentendia com os demais meninos.

– Veja como são as coisas minha filha: vocês brincavam juntos, e hoje você é uma veterinária, e ele pode ter se transformado em um ladrão de gado.

ᕱ

O retorno de Rafaela propiciou o reencontro das antigas amizades da infância. Jacira e Marcelo, os filhos do retireiro, tinham se casado e somente ele ainda morava na fazenda, a irmã se casou com um rapaz da Fazenda Estrela, e para lá se mudou. Irene, filha da Bá, estava casada e morava ali por perto da casa grande.

Como tinha se formado em veterinária, na manhã seguinte, Rafaela fez questão de ver quais os cuidados que o pai estava dispensando à manada. Examinou todos os controles, todos os medicamentos e os parasiticidas, e não sossegou enquanto o pai não comprou os equipamentos para pesagem, e tudo o que se relacionasse à vacinação.

Joaquim Morgado dizia com orgulho: *com a Rafaela ao meu lado tudo vai melhorar... Todos os fazendeiros da região vão ficar morrendo de inveja. Que eles fiquem com a inveja... Eu fico com os lucros!*

EM CASA

O retorno de Rafaela à fazenda lhe fez muitíssimo bem; um sério problema de rinite que a importunava constantemente simplesmente desapareceu. Agora respirava um ar puro e sem a poluição de onde morava.

Levantava-se de manhã e se dirigia à cocheira para fiscalizar a ordenha. Qualquer irregularidade vista por ela, diferentemente do pai, que sempre vivia de mau-humor, ensinava pacientemente, conseguindo com isso a estima de todos os empregados.

Semanas depois, bastante entristecida, começou a estranhar o comportamento dos pais. Antes, os dois se davam bem; além do respeito mútuo, havia carinho, cumplicidade, no entanto, agora se comportavam como cão e gato... Por qualquer coisa à toa e sem a menor importância, desentendiam-se, altercavam-se e discutiam acaloradamente.

Questionou a mãe, mas Florência se esquivou, dizendo que estava tudo bem. Que ela estava cismada à toa...

No entanto, bastava que a filha do capataz deixasse a cidade a fim de passar alguns dias na companhia dos pais e as encrencas, como se diz vulgarmente, recomeçavam.

Muito intrigada, mas quase certa de ter descoberto o motivo dos constantes desentendimentos entre os pais, procurou Joana e lhe perguntou:

– Bá, a senhora sabe qual o verdadeiro motivo de papai e mamãe brigarem tanto?

– Ah! Faelinha, eu sinto muito... A nega velha não sabe.

– Não sabe ou não quer me dizer?

– Pode pedir tudo, minha filha, menos isso. Não tenho o direito de meter minha colher enferrujada na vida dos seus pais... Eles sempre foram bons para mim e para minha filha.

– Você não precisa me dizer mais nada Bá, mas é por causa dessa moça da cidade, não é?

– Só posso dizer que a dona Florência morre de ciúmes por causa dela...

Uma pitadinha de ciúmes num relacionamento pode até ser um bom tempero... Em exagero, porém, demonstra falta de confiança, e é uma das maiores causas das separações.

O fio da meada, como dizem, ela já tinha descoberto, o resto de todo imbróglio concluiu que conseguiria pressionando o pai...

Naquela mesma tarde, Rafaela convidou o pai para dar um passeio a cavalo, pois ela queria fazer uma vistoria nas pastagens; o fazendeiro, no entanto, nem desconfiou que a pastagem que sua filha queria vistoriar era outra. Ao se afastarem da sede da fazenda, com muito jeito começou:

– Papai, quem é aquela moça que está na casa do Jairo?

– É Janilda, minha filha, a caçula da família. Mas por que você está me perguntando isso?

– Porque estou desconfiada que a mamãe não vai muito com a cara dela.

– É impressão sua, minha filha... De uns anos para cá sua mãe deu de implicar com tudo...

– Está certo papai. Vou tentar falar com ela para ver se melhora essa situação, pois aprendi, com um conferencista lá na faculdade, que uma casa que não tem paz fica sempre sujeita a tudo o que de pior existe...

– Faça isso filha... Quem sabe ela te escuta e deixe de me atazanar.

ბ

Preocupada com o relacionamento dos pais, que ia de mal a pior, tentou dialogar com a mãe, mas foi inútil, pois Florência afirmava que Joaquim é que tinha se tornado um chato. Assim, o tempo passava, e com ele a chance de se entenderem ficava cada vez mais distante.

Há um ditado popular que diz: *quando um não quer, dois não brigam.* No entanto, naquela bela casa, que não faltava nada, materialmente falando, faltava tudo de espiritualização. As brigas eram constantes e o motivo era um só: o ciúme. Por parte de Joaquim, um ciúme infundado, mas Florência tinha certeza de que o marido mantinha a filha do capataz, e suas frivolidades, numa bem montada casa na cidade.

A pobre Rafaela andava agoniada e vivia numa tristeza de dar pena, pois era difícil passar um dia sem que os dois discutissem. Para não envolver-se, e também para não estar presenciando todos os atritos dos dois, preferia andar nas pastagens a cavalo ou, então, mudando isso ou aquilo na cocheira para melhorar as condições de funcionalidade.

Numa tardinha, quando o sol já se aprontava para surgir no outro lado do mundo, a pobre levou um tremendo susto. O Baio andava vagarosamente, passo a passo, quando, de repente, saiu por detrás de uma moita de arranha-gato alguém que ela não esperava encontrar, mas que certamente o destino parecia ter planejado.

Sua montaria se assustou e quase a derrubou. Prontamente, o rapaz que a espreitava segurou as rédeas do cavalo e tudo se asserenou. Ainda um tanto aturdida, e também assustada, gritou:

– Ei moço, desse jeito você me mata do coração...

– Desculpe-me Rafaela, eu não queria te assustar... Eu não tinha outra opção; esse foi o melhor jeito de falar com você.

– Reginaldo?

– Sim, sou eu mesmo. Com certeza as notícias que teve de mim te envenenaram a cabeça, não é?

– Por quê? Você vai negá-las? Não são verdades?

– Claro que não... Pelo menos em parte.

– Explique-se melhor, Rê...

– É uma triste e longa história, que hoje não temos o tempo necessário para aclarar tudo.

– Diz que você tem vergonha de contar-me, assim você não precisará culpar a falta de tempo...

– É verdade sim... Juro! Façamos o seguinte: amanhã, por volta das dezesseis horas, a gente se encontra neste mesmo lugar. Só que você terá que vir sozinha, prometa-me... Você vai entender por que não estamos mais morando na Boa Esperança, e o que aprontaram para nós.

– Está bem Rê... Eu prometo que virei sozinha.

Findo aquele rápido diálogo, cada um dos jovens foi para o seu lado, mas certos de que se entenderiam no dia seguinte.

Rafaela montou em seu cavalo e, enquanto se dirigia para casa, deu asas a sua imaginação: *Deus do céu! Será que o que ele está dizendo é verdade? Será que não está mentindo para encobrir os seus erros? Não tenho outra opção; terei que encontrá-lo amanhã se quiser inteirar-me de toda verdade.*

No dia seguinte, quinze minutos antes do combinado, Rafaela já estava à espera do rapaz.

Mil coisas passavam por sua cabecinha, e dentre elas, a da possibilidade do pai ter descoberto algum tipo de aventura entre Rê e a mãe... Isso explicaria os intermináveis desentendimentos dos dois.

Estava tão entretida nessas cogitações, que nem percebeu que o rapaz estava chegando. Cumprimentou-a respeitosamente e lhe perguntou:

– Faz tempo que você está esperando?

– Uns quinze minutos, mais ou menos. E então, o que aconteceu de tão grave, para que papai colocasse vocês para fora da fazenda?

– Simplesmente não aconteceu nada...

– Mas como assim?

– Eu explico: um dia, dona Florência saiu

a cavalo e quando voltou ajudei-a apear, pois seu cavalo começou a saracotear e não ficava quieto para ela descer... O seu pai me viu ajudá-la e ficou enciumado. Disse-me um monte de desaforos e, como se não bastasse, dirigiu-se furioso até em casa e nos mandou embora de mãos abanando; nada recebemos. Foi por isso que peguei algumas reses do pasto da Boa Esperança e vendi para compensar os direitos que o seu pai nos negou.

– E se sujou por isso...

– Se você soubesse como estou arrependido! Por causa da minha insensatez, a minha família teve de ir para bem longe, e eu tenho que viver me escondendo para não ser preso.

– Sinto muito Reginaldo, mas nada posso fazer, a não ser lamentar pela sua desdita...

– Será que não pode mesmo Rafaela? Não restou nem um pouquinho daquele doce sentimento vivido por nós enquanto crianças?

– A questão não é essa Reginaldo. Aqueles foram os nossos sonhos de criança, e pertencem ao passado; digamos que foram doces fantasias de um tempo que não volta mais. Aliás, o melhor tempo da minha vida, porque não existiu cobrança e nem cheguei a ver tanta irresponsabilidade. Doravante, qualquer coisa que eu faça sem pesar as consequências poderá transformar-se em terríveis pesadelos.

– Pense bem Rafaela... Pelo que estou sabendo os seus pais vivem se engalfinhando por nada e isso te deixa infeliz... Que tal se você convencesse o seu pai a lhe dar a parte que lhe cabe como herança?

– Chega Reginaldo. Você está me aborrecendo falando assim. Creio que não devemos nos encontrar mais...

– Por favor, Rafaela, seja razoável...

Sem dar nenhuma resposta, a pobre moça montou em seu cavalo e saiu a galope, mas deu para ouvir:

– Vou te esperar todas as tardes nesse mesmo lugar...

– Pois que espere... Um dia se cansará!

A OUTRA

Rafaela retornou para a sede da fazenda muito triste e arrasada devido à proposta descabida feita por Reginaldo. Apeou do Baio, enrodilhou as rédeas na ponta de um mourão e gritou para o filho do capataz:

– Jair, desarreie o Baio e veja se ele está com sede...

Adentrou a casa e foi direto para o seu quarto. Entrou, jogou-se na cama e se pôs a chorar copiosamente. Florência que nunca imaginou ver a filha entrar naquele estado bateu à porta e pediu para entrar:

– Agora não, mamãe, mais tarde a gente se fala...

– Mas o que você tem? Por acaso caiu do Baio? Está sentindo alguma dor?

– Não é nada mamãe... Estou bem...

E a pobre mãe sem ter como entrar e conferir de perto com os próprios olhos, agoniada foi para o seu quarto. *Será que ela caiu do cavalo e está se escondendo somente para não me preocupar?* – pensava. *Não. Não é possível... O Baio é manso e não iria derrubá-la, afinal de contas ela monta muito bem.*

Mal sabia que a filha estava começando a desvendar os assuntos que o marido e ela gostariam de esconder para sempre!

Em seu quarto, com os olhos encharcados de lágrimas, a pobre jovem não sabia o que doía mais, se a proposta descabida do rapaz ou a descoberta que fizera da trama que envolvia a difícil convivência dos pais.

Reginaldo poderia estar mentindo – pensava. *E se o ocorrido entre mamãe e ele não foi do jeito que ele me contou? Se papai realmente teve motivos para mandar embora a família do Ovídio?*

Remoendo interiormente os pensamentos mais discordantes, a pobre moça se aproximava às raias da loucura, pois a toalhinha branca retirada debaixo do abajur já se encontrava toda molhada pelo incessante pranto.

As lágrimas isentas de revolta são benéficas, pois aliviam o triste amargor das tristezas de que a vida é feita. É o moroso escoar da tensão formada pela mente em desequilíbrio.

À noite, no momento do jantar, Florência solicitou que Joana fosse chamar a filha. A serviçal retornou logo e com a voz chorosa, informou:

– Faelinha disse que não está com fome, patroa. Disse que se sentir fome ela mesma prepara alguma coisa...

– O que está acontecendo com a nossa filha, Florência?

– Pergunte a ela, pois não quis me dizer...

– É... Essa casa vai de mal a pior. Nem mesmo a pobre da Rafaela consegue ter paz aqui dentro...

ઠ

No dia seguinte, Florência acordou com um pensamento fixo: descobrir o motivo do sofrimento da filha. No entanto, sabia que não seria fácil arrancar-lhe qualquer confissão. Assim, a deixou sair de seu quarto e, no momento em que fazia o seu desjejum, aproximou-se e lhe perguntou:

– O que está acontecendo com você minha filha? Estou muito preocupada...

– Ah é?... E por que a senhora e o papai não se esforçam para viver como pessoas civilizadas? Por que estão sempre se agredindo mutuamente?

– Minha filha, eu tenho os meus motivos...

– E com certeza o papai os dele, não é mamãe?

– O que você está querendo insinuar Rafaela?

– Eu, insinuando? A senhora é que deve saber o motivo pelo qual o papai a agride...

– Olha Rafaela, não seria necessário, pois tenho a minha consciência tranquila, mas vou explicar o porquê do seu pai viver sempre me maltratando. Mas não aqui, pois seu pai pode chegar a qualquer momento. Vamos ao seu quarto...

Entraram, assentaram-se no leito, e Florência começou:

– Tudo não passou de um mal entendido, filha... O seu pai viu o Reginaldo ajudar-me a apear do cavalo num maldito dia quando eu voltava para a fazenda; entendeu tudo errado, e acabou mandando o Ovídio e a família embora e, desde esse dia, trata-me *com casca e tudo,* julgando-me uma desmiolada qualquer...

– E é só por isso que a senhora briga tanto com ele?

– Não Rafaela... O caso do seu pai é completamente diferente. Você já deve ter percebido que a Janilda, filha do novo capataz, vem sempre emperiquitada para cá, não é mesmo? Você sabia que seu pai a mantém com todo conforto em uma casa na cidade?

– Então é por isso que ela vem para cá parecendo filha de gente rica?

– Isso mesmo, minha filha. E bem debaixo dos meus olhos...

Rafaela estava tão enojada com tudo aquilo que nem pensou para falar:

– É, agora só falta eu também arranjar um motivo para que essa casa se torne um verdadeiro inferno...

– Nem me fale uma coisa dessas, minha filha. Espero que no momento certo você consiga fazer alguma coisa, para que essa situação mude de uma vez por todas.

۵

Rafaela que viveu por longos anos distante do lar, apenas preocupada com seus estudos, via-se agora forçada a adaptar-se num lar esfacelado pelos constantes desentendimentos dos pais.

Pelo que se lembrava nas aulas práticas e em estágios diversos na escola, sofria quando via um animalzinho tremer e gritar diante de um procedimento cirúrgico. Quantas vezes teve de pedir licença e retirar-se para não ver um bichinho sofrendo! E agora sentia na própria pele, não a dor que vergasta o corpo, mas a tristeza e a desolação acicatando todo o seu ser.

Voltou convicta de que empregaria tudo o que aprendeu para beneficiar, não apenas os animais, mas também os seres racionais que vivem sob a proteção de Deus. No entanto, encontrou um lar com a feição de uma arena de intermináveis combates...

Não conseguindo *segurar a onda,* como se diz vulgarmente, a pobre moça passou a cavalgar mais amiúde. Ia até a cocheira de manhã, observava atentamente a ordenha, e quando Jair saía levando o leite à cidade, encilhava o Baio e desembestava com ele pasto afora.

Ao aproximar a hora do almoço, retornava ao lar, se é que se pode chamar de lar um local onde só existem xingamentos e desaforos. Almoçava, descansava um pouco e, se não houvesse nenhuma emergência com ferimentos em algum animal, saía novamente e só voltava à tardinha.

Em suas cavalgadas à tarde não mais viu Reginaldo, se bem que não saía para aquelas bandas com esse propósito, mas de maneira sutil, no fundinho de sua alma, se o encontro viesse a acontecer, satisfaria os seus desejos.

Nunca mais conseguiu revê-lo, mas ele, de dentro da mata, sempre a espreitava. A assiduidade com que ia para aqueles lados começou a fortalecer no rapaz o tresloucado desejo de raptá-la.

O infeliz rapaz, embora pensassem que estivesse distante por ser um fugitivo da lei, vivia enfurnado em uma tapera pertencente à Fazenda Estrela. Associara-se a três rapazes, marginalizados da sociedade, tanto quanto ele, e os liderava em todos os assaltos praticados na redondeza.

♣

No tempo a que nos reportamos, não existia uma vigilância efetiva com a qual pudesse suprimir quando houvesse roubos ou qualquer anomalia desse gênero.

Assim, Reginaldo e seus comparsas que, por imposição dele, barbeavam-se e se apresentavam como pessoas decentes, viviam tranquilos numa antiga tapera no meio de um carrascal, logo perto do boqueirão. No dia em que lhes falou da possibilidade de raptar uma jovem da Fazenda Boa Esperança, a alegria foi geral e festiva.

Expedito, Honório e Zelão, vindos da distância do agreste brasileiro, gozavam da prerrogativa de poderem andar pela redondeza à luz do dia, sem levantar nenhuma suspeita. Condição bem diferente era a de Reginaldo, que nem sequer podia pensar em procurar uma "pessoa" para ter alguns momentos de distração.

Tudo na vida tem seu preço - pensava. *Antes do roubo das rezes das pastagens do maldito, se eu tivesse ido embora com minha família não estaria vivendo aqui nesse inferno, e talvez tivesse melhores condições de conquistar o coração de Rafaela. Agora que me enredei por esse caminho e consegui o valor aproximado dos nossos direitos, só falta roubar-lhe a filha para que o serviço fique completo.*

Como as criaturas se equivocam na caminhada humana; avaliam mal as ocorrências diárias e acabam sempre metendo os pés pelas mãos. O pobre, o infortunado rapaz inverteu os valores dos sentimentos, pois quem ama não aprisiona, e quem é justo não se vinga.

Um dos queridos guias do saudoso Francisco Cândido Xavier, escreveu através de suas abençoadas mãos: "*Assim como a paixão não é amor, a vingança não é justiça*".

O RAPTO

Quando ouviram o chefe falar em raptar uma mulher, os capangas de Reginaldo se alegraram sobremaneira. Enfim, teriam a presença de um ser feminino na casa. No entanto, a manifesta alegria durou pouco, pois, incisivamente, Reginaldo bronqueou:

– Ei, o que é isso? Para vocês tudo é festa, hein?

– Desculpe chefe, só estamos brincando...

– É bom que estejam mesmo... Pois saibam todos que, se for levado a cabo essa ideia de raptar essa mulher, quero o maior respeito com ela, e quem desobedecer vai amanhecer com a boca cheia de formigas, entendido?

– Perdão chefe, não está mais aqui quem falou...

Reginaldo passou alguns dias matutando o que e como fazer, pois não queria maltratar a moça. Assim, solicitou que dois deles fossem à cidade e comprassem cama nova, lençóis, cobertores, travesseiros e outras mobílias de sala, e que pedissem à loja para trazer até a tapera.

No dia seguinte, apenas Zelão se apresentou para receber a compra, e os demais permaneceram escondidos. Assim que amanheceu o dia, ao terem claridade suficiente dentro daquela improvisada moradia, montaram a cama no quarto menor, e o restante da compra foi acomodado cuidadosamente nos locais apropriados.

Reginaldo, com o coração aos saltos devido à forte emoção, pensava: *está tudo pronto; agora é só trazer Rafaela e esperar que ela coopere, aceitando-me de bom grado, pois não vou forçá-la a nada...*

ꕤ

Nos dias atuais, quando uma jovem é raptada, a infeliz sofre em seguida um cortejo de abusos e violências. Reginaldo, ao contrário, pensava em mantê-la pura em sua castidade até o dia em que ela quisesse entregar-se a ele espontaneamente. Restava saber se ele, como homem, aguentaria viver ao lado de uma fonte de água pura e cristalina e morrer de sede.

Passaram-se alguns dias e finalmente conseguiu decidir-se pelo rapto. Traria Rafaela para junto de si e a trataria com veneração e respeito, como se fosse a mais venerada deusa do Olimpo, mas mantendo uma completa vigilância para que não fugisse.

Numa tarde ensolarada, Rafaela cavalgava tranquilamente por onde vira e falara com Reginaldo pela última vez, sem perceber que estava sendo seguida atentamente por diversos pares de olhos. A um sinal do chefe, os três se emparelharam com sua montaria, fizeram-na apear, espantaram o Baio e, cuidadosamente a colocaram na garupa de Reginaldo.

A pobre jovem gritou, esperneou, mas não teve como livrar-se das mãos dos três capangas. Enfurecida ao extremo, gritava:

– Reginaldo, o que você está fazendo comigo? Deixe-me ir...

– Não minha princesa, você faz parte do que seu pai nos deve; a partir do momento que nos mandou embora sem nos pagar um tostão, ficou nos devendo, e você é a parte mais importante da dívida.

– Sinto muito pelo que papai fez a vocês, Reginaldo, mas eu não tenho culpa...

– Eu também não, minha querida... Pode acreditar que a razão desse rapto é mais por amor, que por vingança!

ᐃ

Reginaldo lhe pediu desculpas e mandou que lhe colocassem um capuz na cabeça, por medida de segurança. Assim, ela iria para a nova moradia sem saber em que rumo estava indo.

Cinquenta minutos mais tarde, conseguiram alcançar a velha tapera. Apearam-na e, enquanto carinhosamente a conduzia tapera adentro, solicitou que cuidassem das montarias.

Solicitando-lhe que tivesse calma, pois não iriam maltratá-la, Reginaldo a levou até ao quarto todo enfeitado de flores, e com móveis novos, e finalmente lhe retirou o capuz. A pobre moça não sabia se ria ou chorava... Tudo aquilo estava tão diferente do que idealizara em toda sua juventude; mais parecia ser uma peça teatral, uma brincadeira de mau gosto.

Gostaria de casar-se, como se casam

normalmente as pessoas civilizadas, e não ser forçada a viver ao lado de alguém que às vezes tinha dúvidas de sua sanidade.

Quebrando o prolongado silêncio, Reginaldo lhe falou:

– Doravante vai ser aqui o seu lar, minha rainha...

– Você chama isso de lar, Reginaldo? Lar é o doce aconchego, a vivência da paz, da harmonia e da felicidade ao lado de quem se ama, seja num palácio ou numa simples tapera. E pelo que estou notando, aqui só existe a última parte!

– Mas podemos providenciar o resto, meu amor...

– Como? Raptando, tolhendo a liberdade de um ser que não tem culpa da sua desdita?

– Saiba, minha querida, que a amo demais... Uma das coisas que jamais faria, seria molestá-la.

– E por que então não me solta?

– Por que não saberia viver sem você... Aqui você terá segurança, pois nenhum dos rapazes irá importuná-la. Ai deles se tentarem...

Enquanto isso, na Fazenda Boa Esperança, Jair percebeu Baio relinchando, como se pedisse a alguém que lhe abrisse a porteira. Achando muito estranho, pensou: *a patroinha não veio com ele, pois o teria recolhido...*

Sem perda de tempo, correu até a casa do patrão, a fim de avisá-lo de que algo errado tinha acontecido com a filha.

Tal notícia provocou um reboliço em toda fazenda... Florência e o marido saíram gritando pasto afora em busca da filha querida. Não imaginavam o que poderia ter ocorrido, uma vez que o cavalo era dócil e a filha montava bem.

Joaquim Morgado bateu o sino da fazenda convocando todos os empregados, e os colocou à procura de Rafaela. Todas as pastagens, estradas, carreadores e, até mesmo nas baixadas perto do boqueirão, a moça foi procurada.

Joaquim Morgado não sabia o que fazer, e nem se atinava com o que poderia ter acontecido com a filha. Foi Florência que, talvez por algum resquício de culpa pelos desentendimentos diários, aventurou:

– É Joaquim, creio que a nossa menina foi embora devido às nossas desavenças...

– Está ficando doida mulher? Está certo que a nossa filha não concorda com os nossos bate-bocas, mas acreditar que ela nos abandonou por isso seria uma loucura!

– Então não sei o que dizer... Que esse desaparecimento está esquisito, está. Se tivesse tido uma queda do cavalo, nós ou algum dos nossos empregados, a teríamos achado.

ბ

Sob um tênue brilho de luz num dos cômodos do fundo da tapera, Rafaela ouvia da boca do antigo amigo, e agora raptor, as façanhas sobre a vida que levavam. Ele planejava, e os companheiros furtavam uma ou duas reses por noite nas fazendas mais afastadas. Para tanto, Reginaldo mantinha uma espécie de planilha com o nome das fazendas da redondeza, e assim tinha como controlar uma certa periodicidade nos roubos, em cada uma delas.

Os fazendeiros mais atentos descobriam somente dias ou semanas depois do roubo a falta de uma ou duas cabeças de gado, mas não adiantava denunciar, pois somente existiam delegacias nas cidades maiores ou capitais; na zona interiorana não existiam nem posto policial.

Alguns meses se passaram pesarosos e cheios de lágrimas, tanto para Rafaela quanto para os pais. Ela era tratada com carinho e respeito por Reginaldo e pelos três capangas, mas vivia sem uma perspectiva de como seria o seu futuro. Joaquim e Florência dentro daquele casarão continuavam no mesmo clima em pé de guerra; somente Joana se lembrava dela em suas orações.

Ah! Se o ser humano soubesse quanto bem a prece faz ao coração sofrido e cheio de amarguras! De maneira bem sutil a oração realiza o que um sedativo faz num momento de aflição: acalma, alivia.

Felizes os que não desconhecem o poder da prece e ora com fervor. A oração traz paz à alma, alívio aos corações, e sensíveis melhoras às dores físicas.

RENDIÇÃO AO AMOR

Aquela situação já perdurava por muitos meses, e apesar da enorme diferença na beleza e qualidade dos móveis, o ambiente psíquico da tapera sobrepujava, e muito, o da casa grande, pois os pais de Rafaela ainda viviam às turras.

Os quatro rapazes se davam bem e viviam em paz, tanto que, quando o chefe saia, deixando um deles em companhia da moça, ela simplesmente ficava em seu canto e não era molestada de forma alguma.

Dinheiro, víveres e tudo quanto precisassem havia de sobra, pois o gado roubado era levado diretamente a um matadouro clandestino e o recebimento era imediato. Assim, viviam sem a necessidade de muito esforço, e sem levantar nenhuma suspeita.

Na Boa Esperança, porém, tudo continuava igual, embora o "clima" às vezes, esquentava dentro da casa grande. Sem ter como conversar pacificamente, Florência procurava falar com Joana enquanto o esposo estava ausente. Em uma dessas conversas, Joana confidenciou:

– Dona Florência, eu tenho por mim que a patroinha está viva em algum lugar, pois sempre sonho com ela...

– Viva como, Joana? Se estivesse viva teria se comunicado conosco.

– Desculpe-me patroa, mas e se ela estiver em algum lugar distante e não quiser retornar para casa?

– Mas por que ela faria isso, Joana?

– Ah! Isso eu não sei não, senhora...

Bem que ela sabia, mas não ousava dizer a verdade: que a filha detestava brigas...

– Pensando bem, Joana... Se for isso o que está acontecendo, justifica o comportamento dela nas últimas semanas que esteve conosco...

– Mas por que patroa?

– Porque percebi que ela preferia ficar na cocheira ou nas pastagens a ficar aqui dentro de casa ouvindo e vendo o Joaquim e eu brigarmos...

– É patroa... A Faelinha tem um coração muito bondoso. Ela não queria ver os pais brigando à toa...

– Por um ciúme bobo dele, Joana... Já fazia muitos anos que a gente vivia como dois estranhos, mas nunca me passou pela cabeça ter outro homem; ele, ao contrário, parece ter feito tudo de caso pensado: mandou embora o Ovídio e família, que era gente boa, e trouxe a família do novo capataz e, com eles, a insuportável da Janilda.

Infelizmente, a criatura humana ainda não entendeu o verdadeiro significado dos ensinamentos de Jesus. Cada qual em sua igreja ou fora dela, lê, e às vezes até decora, os divinos ensinamentos, mas não os pratica.

Apesar da enorme quantidade de livros religiosos existentes, as criaturas não entenderam, ainda, que o Cristo nos pediu: que *amássemos*, e não que nos *amassemos* uns aos outros.

A facilidade na entrega de gado roubado ao matadouro um dia teve fim devido a uma denúncia anônima. Os rapazes, ao tomarem conhecimento do fato, foram forçados a mudar toda a estratégia de todo aquele tempo; não podiam mais subtrair gado das pastagens, pois não tinham como vendê-los.

Sem perspectivas, Reginaldo solicitou que Zelão ficasse com Rafaela e saiu à luta com Honório e Expedito. Viajaram durante uma semana e retornaram sem ter conseguido um meio fácil de ganhar a vida, e também sem ter conseguido um local onde pudessem usar como moradia, sem que Reginaldo corresse o risco de ser descoberto.

Estar saindo ou chegando de viagem era perigosíssimo para ele, pois poderia ser reconhecido, mesmo usando disfarce. Assim, incumbiu os três a saírem novamente, e procurar numa cidade maior um meio de ganhar a vida, pois o dinheiro guardado não duraria para sempre.

Ficando em companhia de Rafaela, mas não se aguentando de tanta ansiedade, ignorou a promessa feita e bolou uma maneira de tê-la sem violência.

Enquanto na distância os três buscavam uma pousada a fim de pernoitarem, Reginaldo disse à Rafaela que naquele dia estava completando mais um aniversário. Usando esse artifício, conseguiu que ela aceitasse tomar um copo de vinho com ele a fim de que não passasse em branco o suposto aniversário.

Apanhando de dentro de uma caixa uma garrafa de um bom vinho, abriu e serviu-lhe um copo. Enquanto ela tomava aos goles o delicioso e adocicado vinho, ele fazia o mesmo, e acompanhava todos os seus movimentos com interesse. Após o primeiro, ofereceu-lhe mais um copo; ela quis recusar, mas devido à insistência, aceitou tomar mais um.

Não acostumada a bebidas alcoólicas ou fermentadas, já no meio do segundo copo estava falando mole e sorrindo à toa. Nesse momento, Reginaldo aproveitou para aproximar-se dela e, de leve, roçou os lábios em seu rosto acetinado e não encontrou resistência, mas sim um leve estremecimento seguido de um sussurrado "beije-me". Reginaldo a enlaçou apaixonadamente e a beijou com frenesi.

O tempo parou, os minutos se recolheram no colo da noite e adormeceram, e até os curiangos lá fora silenciaram. No presente momento, apenas dava para se ouvir os agitados batimentos de dois corações que ansiavam pelas carícias de um amor sentido durante anos, mas contido às duras custas. Sem medir as consequências devido à semiembriaguez, ela mesma convidou-o para que fossem para cama.

ᐃ

O doce idílio entre o jovem par parecia não ter mais fim: assemelhava-se ao filete d'água estagnado por entulhos, e que ao ter vazão se derrama sobre o solo ressequido.

Como pude conviver com ele esse tempo todo, sem que meu coração me traísse? – pensava Rafaela... *Somente Deus sabe o quanto resisti...*

Por sua vez, ele arrazoava: *Cumpri com fidelidade o que prometi a ela no momento do rapto, mas não foi fácil; horas existiram em que meus desejos quase me levaram à loucura.*

Ansiando para que a suave noite se alongasse ao infinito, o jovem casal teceu eternas juras de um amor sem fim; um amor capaz de enfrentar os maiores obstáculos e prevalecer sobre tudo.

Ambos concordaram em permanecer na tapera até o dia do nascimento do primeiro filho, e com ele nos braços seguiriam até à Boa Esperança, a fim de viverem felizes para sempre, se os futuros sogros aceitassem.

Alguns dias depois, Expedito, Honório e Zelão retornaram e encontraram a tapera modificada. Em cima de cada móvel, os vasos que serviam de adorno já não se encontravam mais vazios, mas sim repletos de lindas flores do campo. O semblante da jovem, antes fechado, sério, agora já estampava largos sorrisos.

Questionado por Reginaldo sobre o que conseguiram, pois voltaram logo, Expedito esclareceu:

– Chefe, conseguimos uma verdadeira mamata...

– Como assim?

– Encontramos, no Estado vizinho, um fazendeiro que paga a peso de ouro pelos serviços de segurança pessoal. É alguém cheio da nota e, por isso, muito visado nas rodas da sociedade.

– Mas de quantos seguranças ele precisa?

– Além de nós quatro, mais dois – respondeu Zelão. Dois para acompanhá-lo, mais dois acompanharão a esposa e dois a filha de dezesseis anos.

– Isso está me parecendo um serviço um tanto arriscado, vocês não acham?

– Mas por que chefe? – perguntou Honório.

– Com certeza esse cara está metido em política, não é?

– Acertou chefe... O Coronel Godofredo é o político mais influente de toda aquela região.

Reginaldo, que previamente tinha prometido à Rafaela que deixaria aquela vida e se separaria dos companheiros, aproveitou e disse-lhes:

– Sinto muito, meus amigos... Não vou poder acompanhá-los. Rafaela e eu estamos juntos, mas para que isso acontecesse prometi a ela mudar de vida. Dividiremos o montante do dinheiro que temos guardado, e vocês poderão seguir seus destinos.

De maneira bem rudimentar, a ganância se assemelha a uma arapuca e o ouro a um grande chamariz. É sabido que o ouro exerce um incrível fascínio sobre a mente humana, e toda vez que funciona como isca, acaba atraindo o ganancioso para terríveis armadilhas.

A PARTILHA

Pelo menos na aparência, os três rapazes concordaram com a decisão de Reginaldo, mas solicitaram que a partilha fosse feita em seguida, pois gostariam de partir durante a madrugada.

Dirigindo-se ao seu quarto, Reginaldo apanhou o dinheiro guardado numa caixa embaixo da cama, voltou à sala para proceder a divisão. Seguido atentamente pelos olhares dos companheiros, contou nota por nota, escrevendo numa folha o montante a ser dividido. Em seguida, fez a divisão nas seguintes proporções: 20% do montante, a cada um, e 40% a ele.

Os comparsas reclamaram insistentemente, pois se sentiram lesados... Acharam que a divisão feita não era justa, pois simplesmente o favorecia. Firme, resoluto, Reginaldo esclareceu:

– Um momento, por favor... Vocês estão reclamando porque vou ficar com 40%, não é mesmo? Não acham que como chefe, mereço um pouco a mais que vocês?

– Sim... Mas logo o dobro?

– E Rafaela que cuida de tudo, que faz a nossa comida, que lava e passa a nossa roupa... Vocês não acham que ela também merece o seu quinhão?

– Tudo bem, Reginaldo – disse Expedito – você decidiu assim, o que vamos fazer, não é?

O assunto do dinheiro e sua divisão foi esquecido por todos, pelo menos era o que parecia. Conversaram por mais uma hora e depois cada qual tomou o rumo da cama.

Aquela noite foi longa por demais para Reginaldo, pois, a bem da verdade, ele não confiava tanto nos companheiros. Pelas quatro horas da manhã, quando os três se levantaram a fim de partir, Rafaela se levantou, coou um bule de café, serviu-lhes alguns pedaços de bolo feito na véspera e, junto com Reginaldo, aguardou para as despedidas.

Contrariados, insatisfeitos e bastante estranhos, despediram-se de Reginaldo, de sua companheira e meteram os pés na estrada. Assim que saíram, Rafaela convidou:

– Vamos voltar para cama, amor?

– É o que tenho vontade de fazer querida, mas não confio muito nesses caras, e se eles voltarem e nos atacar?

– Mas eles não fariam isso... Fariam?

– Infelizmente, minha querida, eu não conheço o passado de nenhum deles...

– É... Então é melhor ficarmos conversando, e atentos...

۵

Com o surgimento dos primeiros raios de sol, o casal saiu, sondou atrás da tapera e por entre as diversas árvores frutíferas, e nada; estava tudo em paz. Então, Rafaela desabafou:

– Ufa! Graças a Deus. Tive medo que eles fossem brigar com você, meu bem...

– Você sabe que houve um momento que também pensei?

– Meu amor, não sou contra o que você fez, mas poderia ter dado um pouco a mais para cada um; não preciso receber pelo que faço, pois só de estar vivendo feliz ao seu lado, já me sinto recompensada!

– Não, meu bem... A quantia que lhes dei foi justa. Eles apenas ajudavam a separar e conduzir as reses ao matadouro; quem se arriscava a fazer as transações era eu. Estou dizendo, *arriscava,* pois quando descobriram tudo e prenderam o dono do matadouro clandestino, eu poderia ser envolvido. Graças a Deus, tivemos sorte.

– Tudo bem, querido. Agora estamos a sós e com Deus. Ele há de abençoar o que planejamos.

Os três foram embora cegos de ódio: daquele de fulminar alguém com um simples olhar. No trajeto até a próxima cidade onde deveriam tomar uma condução, trocaram ideias sobre um breve retorno e cobrar aquela injustiça. Afinal, esforçaram-se tanto quanto Reginaldo.

Às vezes, no cotidiano terreno, dá-se mais importância ao que é efêmero, passageiro, em detrimento do que é primordial para o aperfeiçoamento moral da criatura.

O ser humano está quase sempre a folhear o Evangelho, depara-se com ensinamentos importantíssimos, mas não os guardam, e nem os praticam. Jesus disse: *Que aproveita ao homem, ganhar o mundo inteiro e perder a sua alma?* (Marcos, 8:36).

Certamente, todo aquele ódio que os três levaram no coração e na mente acarretar-lhes-ia num futuro próximo, ou em outras existências, sofrimentos inenarráveis, *pois cada criatura colhe aquilo que semeia.*

Enquanto Rafaela e Reginaldo viviam a vida de seus sonhos, apesar da simplicidade de uma tapera, Morgado e Florência viviam como cão e gato na casa grande da Boa Esperança.

A alegria, o bem-estar, a felicidade não são conseguidos por aquilo que se tem, mas por aquilo que se é interiormente; não pelo que encanta os olhos, mas sim por aquilo que toca o coração.

Vezes existiam em que Hortência, no extravasamento do seu ódio, desejava que algo de ruim acontecesse a Janilda. Algo assim, como uma doença incurável ou um acidente. Mal sabia a infeliz que a doença incurável, pelos menos até que a criatura decida a perdoar, estava dentro de si mesma.

Joaquim Morgado já não escondia a vida dupla que levava, tendo a filha do capataz como amásia. Aquilo era para Florência como a ingestão de grandes doses de um suco fortemente ácido, pois todas às vezes que se escondia atrás das grossas cortinas do seu quarto e presenciava qualquer manifestação de carinho à outra era como se eclodisse dentro de si uma forte erupção de um vulcão imaginário. O vulcão do ciúme doentio que, em franca atividade, lançava lavas e incandescências por todos os lados.

Por diversas vezes pensara em dar um jeito naquela situação humilhante e constrangedora... Mas fazer o quê? Não era uma assassina...

Envolvida por aquele clima pesado, viveu por dias, semanas e meses sem trocar uma palavra com o marido; apenas cara feia, insultos e palavrões. O viver conturbado dos dois fez com que esquecessem até do desaparecimento da filha.

Enquanto se digladiavam como duas feras enjauladas no recinto de um casarão confortável e de luxuosas acomodações, Rafaela e Reginaldo viviam o mais perfeito amor dentro de uma humilde tapera. Para quem se conserva no clima do amor não há tempo para ruminar ressentimentos e mágoas, pois se entrega de corpo e alma à vivência mansa e suave, criada pela convivência doce e feliz.

ʚ

Enquanto na tapera, embora tolhido no ir e vir, devido ao receio de ser reconhecido e preso, Reginaldo e a doce deusa de seus sonhos viviam a vida em plenitude. A despensa ainda se encontrava quase abastecida, apesar dos meses passados, pois, para evitar riscos de serem descobertos, a última compra foi feita para durar vários meses, e agora que estavam somente em dois, poderiam ficar descansados.

Os três companheiros de Reginaldo se adaptaram à vida da cidade e com a agitação política. Raramente se lembravam da tapera e de seus desprezíveis moradores.

Levavam uma vida aparentemente tranquila, mas um tanto arriscada, pois os demais fazendeiros também mantinham a seus serviços seguranças, ou *jagunços*, naquele tempo.

Com o abrandamento do alvoroço político,

a mamata acabou e o dinheiro ganho, e não economizado, também. Tais quais os moradores de uma área alagada que só saem quando a casa está sendo invadida, os três passaram a procurar uma ocupação a fim de se manterem. Todavia, o tipo de serviço que procuravam não era tão fácil de se encontrar, e pegar no batente não queriam...

Originários do nordeste, diziam já ter trabalhado demais por lá e não queriam sujeitar-se a qualquer atividade; sem alternativa melhor, na mesa de um pequeno bar, o assunto do roubo de gado voltou à baila, e Expedito decidido falou:

– Se vocês quiserem retornar à tapera e fazer o que já deveríamos ter feito, podemos pensar no caso...

– Será que ainda estão lá? – perguntou Zelão.

– Só ficaremos sabendo se a gente for conferir – emendou Honório.

– É, vamos analisar bem essa possibilidade; não adianta fazer as coisas no supetão, pois pode não dar certo.

– Tudo bem, Expedito... Quando você

achar que devemos ir é só me convidar, pois *sou pau para toda obra* – superestimou Zelão.

Ao longo da existência, somente o amadurecimento espiritual é capaz de dar às criaturas humanas o ensejo de ajuizar o que lhes convém; o tempo, em sua neutralidade, jamais interfere nas decisões. É apenas um mero expectador das derrotas e das vitórias humanas!

A QUEDA

Quando o ser humano idealiza algo, inconscientemente está lançando no ar as suas intenções; se para o bem, receberá incentivos e influências favoráveis para que tal realização se concretize. Quando para o mal, será assediado e até encontrará com facilidade colaboradores para praticá-lo. Os que desejarem manter a consciência tranquila terão que precaver-se, vigiando todo e qualquer tipo de pensamento que emitir.

Os antigos companheiros de Reginaldo tiveram que aguentar e até acostumar-se com a contenção de despesas, pois, semelhante ao punhado de areia seca que escapa pelos vãos dos dedos, qualquer valor amoedado que sai do bolso sem reposição logo se acaba.

Assim, continuaram tentando uma melhor sorte em algum emprego rentável, mas era difícil, pois não tinham qualificações para tanto.

É preferível, *principalmente na atualidade,*

que a criatura se qualifique, pois um dia conseguirá encontrar o emprego desejado; ambicionar um bom salário sem estar habilitado, aí então é que não vai conseguir mesmo.

Enquanto os três ex-guarda-costas faziam malabarismos para que a grana durasse um pouco mais, Rafaela e Reginaldo teciam os mais lindos sonhos e viviam dias tranquilos e felizes.

Os números do calendário dependurado atrás da porta já tinham se tornado inválidos em muitos meses quando, não se sabe porque, Reginaldo acordou desesperado.

Rafaela se assustou com os gemidos e o repentino movimento do seu amado para levantar-se, e se levantou também. Afagou-o carinhosamente e lhe sugeriu que se assentassem à beira da cama, pois o pobre parecia estar agoniado. Ao vê-lo mais calmo perguntou-lhe:

– O que foi, meu bem, você teve algum pesadelo?

– Foi horrível, minha querida... No sonho, eu estava próximo a uma encruzilhada e sem saber que rumo tomar; ouvi, então, a voz da madrinha Guilhermina a indicar-me um dos caminhos, mas contrariando-lhe saí desembestado pelo lado oposto; corri um bom trecho daquela estrada esquisita, pois parecia estar recamada de brasas incandescentes, quando percebi estava à beira de um abismo e, sem equilíbrio, arrojei-me nele. É triste, meu amor, sonhar que se está caindo num vazio, e ainda por cima na escuridão... Parecia que ia morrer!

– Fique tranquilo meu anjo, isso não é nada, foi simplesmente um pesadelo...

Tencionando afastá-lo daquele clima pesado e angustiante, com o coração repleto de alegria, deu-lhe a boa notícia:

– Querido, tenho uma ótima notícia para lhe dar e espero que você fique tão feliz, quanto estou.

– E qual é a boa nova, anjinho?

– Vamos ter um bebê. Estou grávida...

Alguém que um dia tenha recebido a notícia de que acertou sozinho na loteria certamente não vibrou com tanta intensidade quanto Reginaldo.

Levantou-se, agarrou a esposa pela cintura, ergueu-a e rodopiou, girando várias vezes como se estivessem dançando a mais linda valsa.

– Meu amor, que notícia maravilhosa... Coloque a mão aqui em meu peito e sinta como está o meu coração.

– E o meu então, querido? Que bom... Daqui a alguns meses não estaremos mais sozinhos! Não é maravilhoso?

۵

A vida só é boa ou aceitável quando se transcorre sob as influências do amor; sabemos, no entanto, que tal hipótese num mundo tão conturbado quanto o nosso, simplesmente é uma raridade!

Quando o ser humano não se esforça para dominar o seu mau instinto ou gênio ruim, como dizem, está a caminho da desventura. Ouvimos dizer sempre: *não dá, não consigo fazer isso ou aquilo, sou do sangue quente, de gênio forte.* Essa criatura diria melhor: *não consigo fazer isso ou aquilo... A minha espiritualização não é tanta!*

Era o que estava acontecendo com Florência;

seu ciúme era maior do que qualquer advertência consciencial nos momentos de lucidez. E por isso ela sofria...

Não conseguindo domar os maus pendores oriundos das vidas pregressas, resolveu tomar uma atitude, e, infelizmente, a pior possível. Sabendo que Janilda adorava cavalgar à tarde, ofereceu uma quantia a João Aleixo para que assustasse a montaria da moça a fim de derrubá-la.

A trama foi bem urdida por ela durante a noite e o combinado com o empregado se deu numa sexta-feira, logo após o meio-dia. Aleixo não hesitou, pois a quantia oferecida era maior que seu ordenado mensal. Nessas horas, a ganância fala tão alto que a consciência se cala!

No sábado à tarde, Janilda solicitou ao irmão que encilhasse o seu cavalo preferido, que não era outro senão o Baio, e saiu pasto afora. João Aleixo deixou que ela desaparecesse na verde pastagem e se escondeu numa cava do barranco, onde ela teria que passar quando retornasse.

Janilda cavalgou o quanto quis e resolveu voltar para casa. Ao passar pelo local denominado cava funda, Aleixo soltou um foguete e, enquanto a filha do capataz era arrojada ao chão, o desalmado se afastou correndo dali, para não comprometer-se. O servicinho encomendado pela patroa estava feito.

Minutos depois da queda, Baio entrou desembestado na cocheira. Jair se assustou e saiu correndo à procura do pai. Por sorte, Jairo estava tomando uma xícara de café e o filho entrou dizendo:

– Pai, pai... A Janilda deve ter caído do Baio...

– Acalme-se rapaz. O que você está dizendo?

– É sim pai... O Baio voltou correndo da invernada.

– Vamos atrás da sua irmã, Jair, e tomara que não tenha acontecido nada com ela.

Jair ajaezou rapidamente um animal, colocou-o na charrete e saíram estrada afora. Ao se aproximarem do morro da cava funda viram Janilda estendida ao chão. Aproximou-se, parou a charrete e perguntou-lhe:

– O que aconteceu minha irmã?

– Não sei bem o que foi... Vinha vindo sossegada e, de repente, ouvi um estrondo, caí do Baio e não me lembro de mais nada. Creio que tive um desmaio...

– Você está bem? Está sentindo alguma dor minha filha?

– Dói tudo da cintura para cima, papai, mas tentei me levantar e não consegui.

– Sorte a sua que a outra metade não está doendo, minha irmã.

– Não diga asneiras Jair...

– Não entendi a razão da bronca, pai...

– Espero em Deus que você não precise entender da pior maneira possível, Jair!

٥

Colocaram Janilda na charrete e foram rapidamente à sede da fazenda. Ao chegarem, Morgado já estava à espera, pois João Aleixo que já tinha retomado o seu serviço, informou ao patrão que o capataz e o filho foram procurar Janilda que, com certeza, tinha caído do cavalo.

Enquanto Florência, remoendo de raiva, sondava por trás de uma das cortinas de seu quarto, Joaquim Morgado, esfregando as mãos devido à ansiedade e nervosismo, aguardava pela chegada da moça.

Dentro de alguns minutos, a charrete apontou no espigão e o fazendeiro só faltou ter um chilique. Quando foi informado do acontecido pelo pai de Janilda, Morgado deu a seguinte ordem:

– É preciso levá-la imediatamente ao hospital. Jair me passe as rédeas, vá para trás com seu pai, deixe que eu conduzo.

Presa de um ódio incontrolável, Florência que não perdia um só movimento, monologou maldosamente: *Tomara que nunca mais você consiga andar.*

Dentro de uma hora, Janilda já estava sendo internada no único hospital da pequena cidade. Joaquim Morgado solicitou ao Dr. Francisco José, médico da família de longa data, que fizesse o impossível para devolver a mobilidade à jovem que não estava sentindo os membros inferiores.

Joaquim adoraria ficar ao lado da amante,

mas devido ao adiantado das horas e a péssima condição da estrada ordenou:

– Jair, eu e o seu pai vamos embora, pois não podemos ficar os três aqui. Fique com a sua irmã, e peça na cozinha do hospital o que quiser comer, pois deve estar com fome. Amanhã cedinho eu retornarei e você poderá ir.

ۍ

A pobre moça permaneceu internada durante três semanas e, ao obter alta, solicitou ao médico plantonista que mandasse alguém levá-la à casa da cidade, pois não desejava retornar à fazenda entrevada numa cadeira de rodas.

Quando soube que a outra já estava de alta, mas que não podia mais andar, Florência exultou de alegria. Afinal, o seu plano, com a ajuda de Aleixo, deu resultado.

Pobre criatura humana! Somente através de ingentes e repetidos esforços consegue sair de situações embaraçosas criadas pelos desatinos do pretérito, mas continua a falhar; dificilmente se lembra da advertência do Apóstolo dos Gentios, Paulo de Tarso: *Não vos enganeis: de Deus não se zomba, pois aquilo que o homem semear isso também ceifará* (Gálatas, 6:7).

Tomara que os seres humanos aprendam com Simão Pedro, o amado discípulo de Jesus, em sua 1.ª Epístola: "*o amor cobre multidão de pecados*", caso contrário, futuramente terão que sentir as mesmas dores, e passar pelos mesmos sofrimentos dos quais foram os causadores.

O INCÊNDIO

Enquanto Rafaela e Reginaldo aguardavam a chegada do bebê, os ex-parceiros tiveram suas economias esgotadas de vez e, com a corda no pescoço, resolveram voltar à tapera e pegar o dinheiro que estava em poder de Reginaldo.

Tencionavam surpreendê-los durante a noite e, por isso, chegaram bem depois do sol se pôr. Naquele instante, Reginaldo e Rafaela conversavam tranquilamente, quando ouviram que alguém estava batendo à porta. Reginaldo solicitou baixinho que a esposa se escondesse no quarto e em seguida perguntou:

– Quem é?

– Sou eu, Reginaldo, o Zelão... Abra, por favor, estou faminto.

– Você está sozinho?

– Sim, os outros não quiseram vir...

Infelizmente, a sensação de fome é idêntica em todo mundo, embora o vocábulo que a designa seja pronunciado e escrito diferente em cada país. Queremos crer que, por mais abjeto que seja, ninguém deixa de atender, mesmo que seja com migalhas, a um pobre faminto!

Assim, Reginaldo deu uma volta na chave e retirou a forte tábua que reforçava a segurança da porta e permitiu que Zelão entrasse.

Tardiamente, porém, percebeu que fora enganado, pois os outros dois entraram em seguida e o agarraram. Rafaela, bastante assustada, ingenuamente veio em defesa do marido, mas nada pôde fazer, pois também foi segurada pelos braços fortes de Zelão.

Dominados e amarrados pelos brutamontes, os dois foram atirados violentamente sobre o sofá, e só então perceberam qual a finalidade de ali estarem. Expedito, com a voz alterada, parecendo o ribombar de um trovão, perguntou:

– Onde está a grana que ajudamos você ganhar, maldito?

– Que grana? Vocês pensam que o dinheiro nunca se acaba?

– O nosso acabou porque era pouco, mas

com certeza você ainda tem uma boa quantia... Vamos, não enrole, não estou com muita paciência...

Como demorasse a responder, no intuito de ganhar tempo, Expedito lhe deu tamanha pancada na cabeça que o fez tombar ensaguentando o piso com uma poça de sangue.

Amedrontada, temendo que o marido estivesse morto, pediu:

– Soltem-me para que eu possa ajudá-lo; eu direi onde está o dinheiro.

Zelão a soltou, e a pobre correu para o marido tentando estancar o sangue que jorrava em borbotões.

– Vamos megera, diga-nos onde está o dinheiro ou você irá se juntar a ele na "cidade do pé junto"...

Temendo piorar a situação, Rafaela, com a voz entrecortada, informou:

– Está num dos colchões do beliche...

٥

Rapidamente correram até o quarto onde dormiram tanto tempo, jogaram os colchões no piso e, apalpando cuidadosamente, encontraram todo o dinheiro que era guardado com carinho.

Um tanto atordoado, mas suficientemente lúcido para avaliar o perigo que corriam, cochichou à esposa:

– Corra... Fuja daqui enquanto estão distraídos...

– Mas você precisa de cuidados...

– Eu estou bem, salve o nosso filhinho... Fuja!

Um tanto contrariada, Rafaela alcançou a porta e fugiu na escuridão. Correu até não mais aguentar, e se escondeu numa pequena vala.

Quando perceberam a fuga de Rafaela, tentaram recapturá-la, mas em vão, pois a escuridão era enorme. Temendo que ela voltasse a fim de libertar o esposo, voltaram, atearam fogo nos colchões e aguardaram até que tudo se transformasse em cinzas.

A pobre jovem, com os olhos alagados pelo pranto mais triste que alguém possa imaginar, pensava em voltar e morrer com seu amado, mas alguns agitos do filhinho em seu ventre, a impediu de fazê-lo.

Aflita e desconsolada, viu quando os três, como crianças inconsequentes, afastaram-se dali sumindo na escuridão e com todo o dinheiro no bolso. Aproximou-se desesperada das brasas impiedosas, mas percebeu que não se podia fazer mais nada... Reginaldo estava morto!

Aguardou até certificar-se de que os incendiários não mais voltariam, aproximou-se e ficou ali, a fim de esquentar-se um pouco, pois temia pela sua saúde e do pobre filhinho, que doravante seria o seu único companheiro.

Cochilou um pouco, aquecida pelos entulhos fumegantes e, ao acordar, os primeiros raios solares já surgiam distantes; tomando pé da situação, lembrou-se das cenas tristes e chocantes que presenciou horas atrás, e pôs-se a chorar desconsoladamente.

Aproximou-se do que restou da velha tapera e pôs-se a procurar o que sobrou de seu amado. Finalmente, depois de revirar diversas telhas e pedaços de rebocos tostados pelo incêndio, conseguiu encontrar a estrutura óssea de Reginaldo, torrada como uma costeleta que despencou da grelha e caiu sobre os carvões de uma churrasqueira.

Indecisa, demorou a atinar-se com o que fazer dos restos do pobre Reginaldo; depois de muito pensar, decidiu enterrá-lo na vala onde se escondeu à noite.

Com o coração agoniado de tanto desespero, transportou os ossos do seu querido companheiro até ao local mais profundo da cava, jogando pedaços de tijolos e telhas em cima, e, assim, conseguiu sepultá-lo. Em seguida, derramando sentidas lágrimas, improvisou uma pequena cruz e a colocou em cima de onde ficariam os despojos do único homem que amou na vida.

Ao findar a difícil tarefa, não sabia que direção tomar... Se iria pelo lado que os assassinos seguiram, ou pelo lado oposto. Na realidade, parecia estar chumbada no local, como se ainda lhe faltasse cumprir algum dever. Finalmente, lembrou-se de que poderia fazer naquele momento, embora sozinha, uma simples oração em favor daquela alma amiga.

Fechou os olhos, elevou a Deus os seus angustiantes pensamentos, e orou:

Querido Deus!

Neste momento de angústia e de solidão em que me encontro, venho pedir: Dá-me, Senhor, a força necessária para que não sucumba diante dessas horas tão difíceis. Alivia, Senhor, o meu coração de toda amargura e afasta os meus pensamentos dos sentimentos de ódio e desejos de vingança.

Receba, Senhor querido, a alma do meu querido companheiro, que o triste destino fez tombar. Dá-lhe, Senhor, a sua luz, as suas bênçãos a fim de que ele também mantenha o seu coração isento de qualquer animosidade ou desejo de vingança contra os antigos e infelizes companheiros.

Finalmente, Senhor, dá-me forças para que eu consiga chegar até a Boa Esperança e ser acolhida por meus pais. Que eles possam entender o motivo do meu afastamento, e que aceitem a minha volta, assim como a sementinha que tenho no ventre, como netinho do coração.

Que assim seja, Senhor!

Ao terminar a comovente súplica, resolutamente tomou o caminho contrário ao dos assassinos de seu querido Reginaldo. Caminhou durante algumas horas e não encontrou viva alma que lhe desse alguma informação. Com os pés doendo, sentou-se à sombra de uma árvore frondosa e descansou por meia hora, e depois seguiu adiante.

Finalmente, três quilômetros à frente, Rafaela encontrou um casebre e percebeu que tinha moradores, pois mesmo antes de alcançá-lo pôde perceber a chaminé fumegante. Aproximou-se, bateu palmas e aguardou até que saísse alguém para atendê-la. De repente, uma senhora saiu à porta e perguntou-lhe:

– O que a moça deseja?

– Uma caneca d'água, por favor...

– Entre, entre... Parece-me que você está bastante cansada; assim, enquanto bebe descansa um pouquinho...

– Daqui à cidade é muito longe, dona?

– Umas duas horas, andando bem... Cansada como está, vai demorar um pouquinho mais...

– É mesmo dona, não estou acostumada a andar a pé; confesso à senhora que estou baqueada!

– Diga-me uma coisa, a moça já almoçou?

– Ainda não, senhora. Chupei umas duas laranjas que encontrei à beira da estrada; só que estavam bem azedas, mas pelo menos serviu para acalmar um pouco a sede.

– Aguarde um pouco, vou estalar uns dois ovos e você come com pão que fiz esta manhã; depois disso você seguirá com mais ânimo.

– Oh! Minha senhora, quanto lhe sou agradecida pela bondade...

– Bondade nenhuma, moça... É nosso dever ajudar uns aos outros. Não foi isso que Nosso Senhor Jesus Cristo ensinou?

– Isso mesmo... Se todas as criaturas do mundo fizessem o que a senhora está fazendo, o nosso mundo seria bem melhor, bem mais feliz.

Dentro de dois minutinhos Rafaela estava se alimentando pela primeira vez naquele dia. Com a fome que já a assediava há várias horas, aquele pedaço de pão recheado de ovos tinha o sabor do manjar dos deuses.

Alimentou-se, abraçou a dona da casa agradecendo-a pela bondade e saiu estrada afora. Era necessário chegar à cidade antes do anoitecer. Não tinha pensado ainda o que fazer quando lá chegasse, mas confiava em Deus que alguma ideia haveria de surgir.

DE VOLTA PARA CASA

O sol já estava bem baixo quando Rafaela botou os pés na rua que dava acesso à pequena cidade. Andou um pouco e perguntou sobre algum armazém da cidade, e lhe indicaram o Armazém Colosso. Para lá se dirigiu, entrou e perguntou pelo proprietário. A balconista lhe indicou o escritório onde ele se encontrava e a acompanhou.

Chegando à porta do escritório, a empregada pediu licença e informou:

– Sr. Jardel, essa moça quer falar com o senhor...

– Pois não, do que se trata?

– Queria saber se o Sr. Joaquim Morgado compra aqui neste armazém...

– É um dos meus melhores clientes... Mas por que a senhora deseja saber?

– Por que ele é o meu pai...

Jardel levou um enorme susto, pois sabia que a filha do fazendeiro tinha desaparecido há quase um ano.

– Então a senhora voltou, que bom...

– Estou retornando agora e necessito que o senhor me ajude a chegar à fazenda, pois estou a pé e sem nenhum dinheiro.

– Qual é mesmo o seu nome, moça?

– Rafaela, Sr. Jardel...

– Aguarde só um pouquinho, vou arranjar alguém para levá-la até a fazenda.

– Muito obrigada Sr. Jardel. Vou ficar lhe devendo este favor.

– Não seja por isso, Rafaela. Estou apenas ajudando a filha de um grande amigo.

O dono do armazém lhe pediu licença, saiu um pouco e retornou com um dos empregados, dizendo:

– Sra. Rafaela, o Nestor vai levá-la até a fazenda do seu pai...

A pobre moça estava cansada, com fome e com os pés em brasa devido à enorme caminhada. Assim que saíram da cidade, Nestor pediu lhe desculpas e lhe dirigiu a palavra:

– Desculpe-me senhora, mas o patrão se esqueceu de me dizer a qual fazenda eu devo levá-la...

– À Boa Esperança, Nestor...

– Então a senhora é a dona Rafaela... Desculpe-me pela indiscrição, mas quando a senhora desapareceu falaram de tudo... Até que poderia estar morta...

– Não. Graças a Deus ainda estou viva, mas ontem quase não consegui escapar... Desculpe-me moço, mas não gostaria de continuar falando nesse assunto. O meu pai tem vindo muito ao armazém?

– Não fico muito no balcão, pois o meu serviço é entregar despesas, ou buscar cereais que o patrão compra em alguma fazenda, mas de vez em quando eu vejo o Dr. Joaquim por aqui sim.

– É... Ele e mamãe devem ter sofrido bastante com a minha ausência...

– Com certeza Dona Rafaela, pois se eu perdesse a minha menina de oito anos, não sei o que faria... Coitada de sua mãe, com o seu desaparecimento...

E o pobre homem só então percebeu que acabou falando demais...

– O que aconteceu com mamãe, Nestor? Fale...

– Desculpe-me, creio que não devia, mesmo porque apenas ouvi falar...

– Falar o quê, por favor...

– Dizem que alguns meses depois que a senhora sumiu, ela perdeu a razão; vive conversando sozinha e não fala coisa com coisa...

– Senhor do céu, coitada da mamãe... Por que foi acontecer tudo isso, meu Deus?

Apesar do declínio dos raios solares devido à aproximação da noite, o pequeno trole vencia a distância, pois Nestor conhecia a estrada, palmo a palmo.

Mais alguns quilômetros e a pobre Rafaela pôde ver a porteira de entrada da Boa Esperança e as velhas mangueiras logo abaixo, onde ela brincava com as demais crianças em sua sombra amiga, ou balançando em seus galhos.

Entrando tranquilamente, pois fazia isso todos os meses, o rapaz parou o veículo em frente à escadaria da casa grande, e chamou:

– Ô de casa...

E Joana apareceu para atender. Reconhecendo o moço da despesa, achou um tanto estranho, mas desceu alguns degraus e falou:

– Nossa! Senhor Nestor. Não sabia que o patrão tinha feito alguma despesa hoje!

– Não vim trazer despesa não, Nhá Joana... Venha ver quem eu trouxe...

A preta velha acabou de descer a escadaria, aproximou-se da visitante e soltou um grito desesperado, que foi ouvido há uma boa distância. Em seguida, pôs-se a chorar, pois reconheceu a sua Faelinha que também se encontrava em prantos.

– Ô minha menina, graças a Deus você voltou... Mas por que está chorando?

– Porque acabei de saber a pouco que mamãe perdeu a razão.

– Fique tranquila minha menina, está tudo bem. Creio que com a sua volta dona Florência vai melhorar.

Nisso, Joaquim Morgado, que estava chegando da cocheira, viu o moço do armazém e, achando estranho, aproximou-se para conferir. Ao reconhecer naquela mulher mal trajada a sua filha, gritou:

– Minha filha, é você mesmo? Graças a Deus você voltou. Vamos entrar, você deve estar com saudade da sua casa...

– Estou mesmo, papai, mas antes seria bom que o senhor acertasse com o Nestor, pois estou sem dinheiro para pagar a corrida...

– Por enquanto, muito obrigado, Nestor. Diga ao seu patrão que amanhã ou depois irei lá e acertarei com ele...

– Eu digo sim, Sr. Joaquim, mas creio que ele não vai cobrar, pois é um dever ajudar os nossos semelhantes.

ᐃ

Abraçada ao pai, subiu penosamente todos os degraus da escada, por ter as pernas doloridas devido à enorme caminhada do retorno. Entraram corredor afora, e a filha pediu-lhe:

– Papai, leve-me até mamãe...

– Vou levar minha filha, mas seja forte, pois sua mãe está desmemoriada a diversos meses e talvez não a reconheça...

Em frente ao quarto, Joaquim girou a maçaneta e pediu que a filha entrasse primeiro. Com o coração aos saltos e os olhos úmidos de lágrimas, Rafaela entrou e precisou que o pai a amparasse senão estender-se-ia no assoalho duro do quarto. Após segurá-la, Joaquim a encorajou a encarar a realidade:

– Minha filha, anime-se, a vida aqui no mundo é assim mesmo: quando menos a gente espera surgem problemas que devemos resolver ou aceitar, para que as dificuldades não fiquem se multiplicando em nossa frente; tenha certeza de uma coisa: sua mãe está bem fisicamente; apenas perdeu a memória...

Esforçando-se, Rafaela conseguiu retemperar-se e encarou a mãe. Florência olhou-a demoradamente, roçou de leve as mãos em seu queixo e em seguida perguntou:

– Quem é você?

– Sou a Rafaela, mamãe... Rafaela.

– Não conheço... Depois do acidente que me paralisou as pernas ninguém mais me quis, e por isso não me casei.

Aproximando-se mais, abraçou-a e em seguida beijou-lhe carinhosamente o rosto, e pôs-se a chorar.

– Não chore moça; as suas e nenhuma outra lágrima vai amansá-los. Somente os que choram pela desgraça alheia poderão sensibilizá-los.

– Eles quem?

– Essas sombras ambulantes que aparecem a qualquer hora e desaparecem quando querem. Somente quando eu penso em Deus eles vão embora.

ᐃ

Qual o teor do pensamento dos que, por um motivo ou outro, perderam a memória? Fantasiam, sonham ou vivem sob o efeito de terríveis pesadelos? São tantos os questionamentos, como tantas as possíveis e plausíveis respostas.

O correto é aceitarmos que a criatura esteja envolta pelas trevas e sob a influência de mentes perversas e destrambelhadas quando está ou esteve trilhando o caminho do mal.

De igual modo, temos a envolver-nos e a influenciar-nos as mentes luminosas, benfazejas, quando porfiamos no caminho do bem e da verdade!

A CONFISSÃO

Não suportando mais o silêncio materno, Rafaela a deixou entregue ao seu mutismo e foi para a cozinha. Queria tomar um demorado banho, afinal, na antiga moradia, agora transformada num amontoado de cinzas e entulhos, pensar em banho seria desejar o impossível. Seu estômago, porém, pedia-lhe alimento, pois o que comera à tarde, graças à bondade daquela bondosa senhora, já tinha chegado nos calcanhares.

Nem foi necessário manifestar seu desejo, pois assim que pisou na cozinha, Joana conduziu-a:

– Sente-se aqui, minha menina, e sirva-se à vontade. Você deve estar muito cansada e com fome.

– E estou mesmo, Joana. Saí de manhãzinha sem tomar um gole de café e só fui comer um pouco à tardinha, e andei mais que uma condenada. Teve horas em que pensei em desistir... Ficar por lá mesmo, mas a saudade me fez continuar.

Nesse momento, Joaquim que tinha deixado mãe e filha sozinhas no quarto a fim de ver se Florência a reconheceria, chegou, sentou-se ao lado da filha e lhe perguntou:

– O que aconteceu com você para sumir desse jeito, minha filha?

– Desculpe-me papai, agora não... Levantando-me daqui, após aplacar minha fome, vou descansar um pouco e tomar um banho, e juro que o procuro e lhe contarei tudo.

– Está certo, meu bem... Perdoe a ansiedade do seu pai em querer entender o que aconteceu...

Após ter descansado por mais de uma hora, e ter dado tempo à digestão alimentar, Rafaela tomou um refrescante banho que para ela tinha o efeito de um bálsamo renovador de energias, e em seguida procurou pelo pai. Joaquim se assentara num dos bancos do terraço e soltava as suas baforadas, enquanto aguardava ansioso pelo aparecimento da filha.

Após rememorar todos os acontecimentos, cujas lembranças o vendaval do tempo soprou para bem longe, de analisar friamente as asneiras que fizera, as intermináveis brigas com a esposa, só torcia para que a filha não lhe cobrasse nada, que não lhe dissesse que foi embora devido às brigas e discussões intermináveis.

Ao notar que Rafaela se aproximava, levantou-se, abraçou-a e lhe solicitou:

– Sente-se minha filha e, por favor, não prolongue ainda mais o meu desespero. Sei que errei, que sua mãe também errou, mas você não deveria deixar-nos por isso... Fala para o seu pai que não foi esse o motivo do seu desaparecimento!

– Calma, papai, deixe-me contar o que aconteceu e depois... Depois o julgamento, a avaliação do que fiz, ficará ao critério de sua razão e consciência.

– Conte-me, Rafaela, e, por favor, não me esconda nada...

– Na verdade, papai, eu andava entediada, aborrecida e, às vezes, fula de raiva pelas discórdias reinantes aqui em casa. O ciúme de vocês era tanto que até cheguei a ter inveja das pessoas que vivem em paz em qualquer uma das casas da fazenda.

– Mas eu tinha os meus motivos, minha filha...

– E mamãe os dela, e bem visível à frente dos olhos.

– Sua mãe não lhe contou o que havia entre Reginaldo e ela, contou?

– E que Reginaldo jurou que jamais aconteceu...

Ao lembrar-se do seu amado, que o maldito incêndio devorou, lágrimas entremeadas de soluços sacudiram-na importunando-a por alguns segundos.

–Mas como você sabe disso? Ele sumiu alguns meses antes de você voltar da faculdade!

– Papai, preste muita atenção no que vou lhe contar, e não me interrompa, por favor: fui raptada por quatro homens numa tarde em que fazia a minha costumeira cavalgada. Eu me sentia mais feliz na companhia do Baio, pelos pastos, do que aqui dentro de casa, onde só havia cara feia e palavrões. Como estava lhe dizendo, os quatro homens me raptaram e me levaram para um local desconhecido, que não pude precisar a localização, pois me encapuzaram. Graças a Deus, não fui maltratada e nem violentada por nenhum deles. Chegando ao local onde se escondiam, quando retiraram o capuz, reconheci num deles o Reginaldo, filho do antigo capataz.

– Então era como eu pensava, o maldito era o ladrão que andou roubando o meu gado...

– O que é isso papai? Não acredito! Fui raptada por ele e seus capangas e o senhor se lembra primeiro de suas vacas? Ele e seus companheiros roubaram apenas doze cabeças da Boa Esperança, e, no meu modo de ver as coisas, foi justo; não que eu esteja endoçando a atitude de quem rouba. Foi uma compensação pelos direitos de quase trinta anos de serviços, pois o senhor os dispensou com uma mão na frente e outra atrás.

– Agora você está defendendo esse ladrão, minha filha. Eu não acredito...

– Posso continuar papai?

– Continue filha, por favor...

– Vivi com os quatro numa tapera e, por incrível que pareça, em completa paz e harmonia. Apesar da saudade de vocês, sentia-me mais tranquila do que aqui em casa. Eu cozinhava, lavava, passava-lhes as roupas e era tratada como a dona da casa, pois tinha o meu próprio quarto e toda privacidade possível. À noite, eles saiam, apoderavam-se de duas reses, e sempre num local diferente para não correrem nenhum risco, e as vendiam num matadouro clandestino, e isso até o dia em que a trama toda foi descoberta. Nesse dia, o comprador foi preso e os quatro ficaram sem serviço.

– Se é que roubar gado pode ser considerado como serviço, não é filhinha!

– Não podendo ficar sem ganhar, por muito tempo, os outros três foram embora. Desentenderam-se no momento de repartir o montante que tinham guardado, mas finalmente tudo ficou "numa boa". Foram para uma cidade de médio porte e trabalharam como seguranças, mas, um dia, foram dispensados e, sem dinheiro, retornaram e nos atacaram. Enquanto estiveram fora, de livre e espontânea vontade, eu me entreguei ao Reginaldo, pois descobri que o amava. Vivíamos felizes como marido e mulher, tanto é que engravidei e, dentro de alguns meses, o senhor vai ser vovô.

– Essa não... Avô do filho de um ladrão! Devo estar pagando todos os meus pecados...

– O senhor quer ouvir o resto ou não, papai?

– Ah! Sim, minha filha, continue...

– Iríamos ficar naquele local até o bebê nascer e depois viríamos para cá... Achei que com um bebê no colo o senhor e a mamãe não teriam coragem de mandar prender o Reginaldo e nos receberiam, mas como eu estava enganada!

– Sei lá filha, essas coisas são bastante complicadas. Quem sabe depois que o bebê nascer eu até aceite que ele seja filho daquele lá... Mesmo porque sua mãe está desmemoriada e não há mais nenhum motivo para qualquer tipo de ciúme.

– Agora é tarde papai...

– Mas por quê?

– O pai do meu futuro filhinho está morto...

Quando os três retornarem com os bolsos vazios, como eu estava dizendo, amarraram-nos a fim de roubar o resto do dinheiro que estávamos usando para nossa sobrevivência. Reginaldo pediu que me liberassem as mãos, pois que eu lhes ia mostrar onde estava o dinheiro. Ao me desamarrarem as mãos, eu disse onde a grana estava e, enquanto correram para lá, Reginaldo me pediu que fugisse. Eu não queria deixá-lo sozinho nas mãos daqueles assassinos, mas ele me obrigou, então fugi. Quando apanharam a bolsa com o dinheiro, notaram que eu tinha fugido e, então, começaram a procurar-me, mas devido à escuridão da noite não conseguiram encontrar-me. Tendo já o que queriam, botaram fogo na casa e foram embora na maior galhofa... Festejando de alegria.

– Diga-me Rafaela, o seu companheiro morreu queimado?

– Sim papai. Quando se foram, aproximei-me para ver se podia fazer alguma coisa, mas, em vão; o pobre virou carvão no meio daquele fogo. Com jeito e um pouco de sacrifício, arrastei o que o fogo deixou sobrar até uma valeta e cobri com entulhos que sobraram do incêndio. Depois de fazer uma oração fervorosa, vim para cá e lá deixei o amor de minha vida... O pai do meu futuro filhinho.

NOVOS DIAS

Dez anos após a tragédia que enlutou para sempre a alma de Rafaela, sua querida mãe faleceu. O pequeno Reginaldo, com o semblante triste e de cabeça baixa, via a avó seguir para o "campo santo" sem ter conseguido arrancar-lhe um simples sorriso.

Das muitas tentativas que o pobrezinho fez para receber um só carinho da avó, apenas conseguiu olhares indiferentes. Por vezes diversas, saiu do quarto da avó com os olhinhos rasos de pranto e dizendo baixinho: *vovó não gosta de mim...*

Alguns anos mais tarde, ao ter condições de entender, a mãe passou a lhe dizer alguma coisa sobre as mudanças que ocorrem na vida das pessoas. Explicou-lhe que na infância e na juventude tudo é mais fácil, pois as crianças e os jovens são cheios de vida, de sonhos, mas que, apesar disso, existem crianças que morrem sem ter atingido a juventude e também jovens que não chegam a atingir a maioridade. Explicou-lhe que a avó, que foi afetada por algum distúrbio mental, perdeu parte da vida e não chegou aos cinquenta anos, e que temia pela vida do avô Joaquim, que estava, há muitos meses, queixando-se de terríveis dores, mas não procurava um médico.

– Se a senhora concordar, eu vou querer ser um médico... É difícil, mamãe?

– Nada é difícil, meu filho, quando se tem uma vontade e persistência. Se você não se esforçasse para vencer o medo dos cavalos, quando criança, você cavalgaria hoje como faz?

– De maneira alguma, mamãe. O dia em que consegui montar o Guarani e dar uma volta em torno da cocheira percebi que tudo depende de se ter coragem.

– Isso mesmo, Rêzinho! Quando você terminar seus estudos aqui da nossa cidade, você vai para uma boa faculdade; se Deus quiser, daqui a alguns anos, nós teremos um médico na família.

۵

Com o escoar do tempo, tudo foi mudando de sentido para Joaquim Morgado Testa. Apesar de alguns impedimentos, como o de cavalgar, ver a filha feliz, o neto, já um homem feito, tinha agora um valor maior que o aumento da litragem na ordenha ou a quantidade de sacas que superlotavam a tulha.

Percebeu tardiamente que ninguém sobre a face da Terra tem direitos maiores que o direito alheio; mesmo daqueles que estão sob uma dependência. Que mais vale presenciar a expressão alegre do que ver o semblante de amargura de um injustiçado?

Mesmo achando que era puro capricho da filha, mandou que alguns homens fossem à antiga tapera e trouxessem à Boa Esperança o que sobrou de Reginaldo e o enterrou debaixo do pé de ipê. Lá, diariamente, com todo amor que se avolumara através do tempo em seu coração amoroso, rezava em companhia do filho querido.

Cinco anos mais tarde, o dono da Fazenda Boa Esperança sentiu suas forças se exaurirem de vez. Fortes dores na coluna vertebral o impediam de caminhar, mesmo que fossem pequenas distâncias e, cavalgar, que gostava tanto, nem pensar...

A Boa Esperança passou às mãos de Rafaela, que a dirigia com bom senso, procurando sempre melhorar a qualidade do que produzia, mas também a qualidade de vida dos empregados.

Ao terminar a faculdade, da mesma maneira que a mãe chegou na velha maria-fumaça, Reginaldinho chegaria em breves minutos, trazendo a tiracolo Verônica, a sua bela e simpática namorada.

Na velha estação, Rafaela relembrava a sua chegada: de longe pode ver o pai e a mãe a esperá-la na plataforma. Agora, no entanto, muitas coisas tinham mudado. A mãe já não existia, o pai ficara na charrete, pois não conseguiu descer e, o que mais lhe doía, era a sensação de um vazio dentro do coração.

Quando voltou da faculdade, além de um diploma que a qualificava como médica veterinária, afagava o sonho de poder encontrar Reginaldo e com ele construir um ninho de ventura, mas que o destino apenas deixou começar, pois o maldito fogo destruiu logo no início.

Ao ver a velha locomotiva apontar na

curva, à beira da mata, suspirou profundamente e sussurrou: *Graças a Deus, meu filho realizou o seu sonho. Saiu daqui, pouco mais que um menino, e está voltando médico.*

ᕔ

O maquinista freou de vez toda composição, fazendo com que os vagões de passageiros parassem bem em frente à plataforma, a fim de facilitar o embarque e o desembarque. De onde estava ela pôde ver o filho retirando do maleiro tudo o que conseguira trazer.

Aproximou-se quase rente ao estribo e solicitou:

– Filho, dê-me essa mala maior e ajude a sua namorada...

– Fique tranquila, mamãe, já está tudo sob controle.

Assim que toda bagagem foi posta na plataforma, Reginaldo se atirou nos braços da mãe e lhe beijou o rosto repetidas vezes. Em seguida, cuidou das apresentações e perguntou pelo avô:

– Fique tranquilo, seu avô está nos esperando na frente...

– Mas por que ele não veio até aqui?

– Ele está com um pequeno problema na coluna e não pode estar se esforçando, pois dói muito...

– É só isso mesmo, mamãe? Ou senhora está me escondendo alguma coisa?

– Fique tranquilo, Reginaldinho, está tudo bem. Mas vamos andando, pois o vovô deve estar impaciente...

Enquanto cumprimentava o avô e lhe apresentava a bela namorada, Rafaela ajeitou as malas e, finalmente, tomaram seus assentos. Em seguida, Rafaela estalou levemente as rédeas no lombo do manso animal e se dirigiram rumo à fazenda, pois eram cinco quilômetros a serem percorridos.

Ao descerem na Boa Esperança, Reginaldinho perguntou:

– Vovô, o que está acontecendo com o senhor? Mamãe me disse que o senhor está com dificuldades ao caminhar, é verdade?

– Sim meu neto... Está fazendo uns cinco meses que venho penando com essas dores. Para não aumentá-las, tenho evitado qualquer esforço, inclusive andar.

– O senhor já consultou o Dr. Francisco José?

– Já, meu querido... Ele disse que é um desgaste que tenho numa das vértebras. Esse desgaste provoca as dores toda vez que movimento o corpo.

– Fique tranquilo vovô. Ainda esta semana eu quero visitar o Dr. Francisco e, se Deus quiser, vamos encontrar uma solução para o seu problema ou então uma maneira de aliviá-lo.

ఽ

O Dr. Reginaldo Testa de Freitas começou a trabalhar no hospital da pequena cidade ao lado do Dr. Francisco José e, sempre que tinha folga, procurava ajudar a mãe a resolver os problemas da fazenda.

Joaquim Morgado, mesmo com toda riqueza que sempre lhe bafejou a vida, e apesar de todos os esforços médicos, não conseguiu evitar o uso de uma cadeira de rodas. O máximo que podia fazer era ficar observando do alpendre a movimentação na cocheira, ou quando os empregados, vindos do eito, passavam em frente à casa grande.

Um ano depois da volta do filho, Rafaela mandou que se preparasse uma grande festa para o casamento de Reginaldinho e Verônica. A igrejinha de Santa Rita, embora pequena, foi toda enfeitada de lindas flores e ali se realizou o casamento daquelas almas afins.

Um ano e alguns meses depois, mesmo debaixo de forte temporal, Rafaela pediu que Jair carregasse a nora até a charrete, entregando-lhe as rédeas para que a conduzisse, e ela, com a nora recostada ao ombro, foram até ao hospital, pois a bolsa amniótica tinha rompido.

Ao chegarem ao hospital, o futuro papai levou um tremendo susto e se fez de forte para não desmaiar, pois sabia que isso iria afetar a esposa. Depois de uma hora de nervosismo, de fortes tensões veio a boa notícia: nasceram os filhos de Verônica e do Dr. Reginaldo Testa de Freitas.

Um lindo casalzinho que, antes de voltarem à fazenda, foram registrados Como: Solange Albuquerque Testa de Freitas e Sérgio Luiz Albuquerque Testa de Freitas.

Joaquim Morgado, já alquebrado diante da idade, e cansado de testar sua resistência numa cadeira de rodas, dois meses depois da chegada dos bisnetos, entregou sua alma a Deus.

Deixava para trás aquilo que mais temia perder, o motivo de tantas desavenças com os fazendeiros vizinhos e que, apesar do desvairado apego, teria de abdicar em favor da filha e de seus sucessores: a Fazenda Boa Esperança.

Dentre as centenas de alqueires do abençoado solo de onde tantas famílias tiravam o sustento para seus filhos, poucos metros tiveram o privilégio de suportar o peso do corpo de Joaquim Morgado, pela última vez... Aqueles que foram usados para a retirada do rico ataúde em que o rico fazendeiro seguiu rumo à última morada!

ა

Querido leitor ou leitora: a vida aqui em baixo, no empoeirado solo do mundo, apresenta-nos uma gama enorme de tipos de vivências, dos quais o nosso "eu imortal" sairá vitorioso ou mais endividado do que na chegada. O corpo é reclamado e entregue à natureza de onde veio, mas o ser espiritual levará tão somente a colheita daquilo que semeou.

Assim, pelo que foi apresentado até o momento, temos condições de afirmar que o futuro de cada personagem dessa história fica condicionado ao que fizeram aos seus semelhantes.

Uma vida amena espera os que viveram de acordo com os ensinamentos do Mestre Jesus e com amplas condições de se ascenderem espiritualmente. No entanto, aquele que, por pura maldade ou ganância, eliminou o seu semelhante ou obstou o seu progresso, mais tarde, quando menos esperar, ver-se-á nos locais onde sentirá os reflexos dos atos praticados a fim de poder resgatá-los.

Que Jesus nos abençoe!

PARTE II

A FUGA

O *silêncio sepulcral*, acompanhado da escuridão noturna, permitia o vasculhamento de toda a vizinhança; entre as poucas coisas conseguidas até o momento, o gatuno reconheceu que não tinham tanto valor e nem, tampouco, facilidade de passar à frente e lhe render alguns trocados. Sorrateiramente, continuava, então, o triste destino: *roubar para ter o seu próprio dinheiro.*

Os anos se acumularam na fieira do tempo e o pobre e infeliz Deusdébio já nem se lembrava mais do dia em que começou a afanar pequenas coisas. Parecia carregar nas veias uma grande propensão à cleptomania, da qual não conseguia livrar-se.

Entristecida pelas reclamações dos vizinhos, a pobre mãe, honestíssima senhora que passava o dia com o umbigo colado ao tanque de roupas encardidas, amiúde o repreendia, mas a advertência materna não surtia o efeito desejado; simplesmente entrava por um ouvido e saia pelo outro, e passava a furtar em outras áreas da cidade.

A vida de empregada doméstica lhe era bem mais fácil, mas nem tudo na vida acontece como se quer, pois as boas notícias correm e as péssimas voam; com a fama do filho nunca mais conseguiu empregar-se numa casa e nem mesmo trabalhar como diarista.

Ao alcançar a maioridade, esteve preso, mas por insistência da mãe junto a um advogado de quem fora empregada, o rapaz foi solto dois meses depois.

Quando retornou para casa, ouviu, calado, os conselhos da genitora, e lhe prometeu que iria arranjar um emprego, pois não queria mais saber daquela vida.

Em casa, Débinho se martirizava, pois não era acostumado ao marasmo e nem ao silêncio doméstico. Andou de um lado para o outro, acendeu uma bituca de cigarro de palha que enrolara uma hora antes e ao perceber que a mãe estava chegando com uma trouxa de roupa a ser entregue no dia seguinte, desembestou-se pela rua a dizer:

– Vou sair um pouco, mãe... Se ficar aqui dentro eu vou enlouquecer.

– Espera filho, vamos conversar... Fui só à casa de dona Margarida, mas já estou de volta e não vou sair mais.

As últimas palavras que a mãe disse a desventurada criatura ele nem sequer ouviu. Entrou no primeiro bar, pediu uma cachaça e a engoliu de uma só vez; apesar da horrível carranca ao engolir, repetiu por mais duas vezes, pagou e saiu atarantado pela rua afora.

Andou alguns minutos sem destino e acabou parando em uma praça quase deserta, e se acomodou num dos seus bancos. Confuso, indeciso e com o raciocínio lento, lançou um vago olhar às primeiras estrelas do firmamento e se pôs a alimentar os mais tétricos pensamentos.

Desassossegado e rilhando os dentes de ódio, Deusdébio rememorou todos os sofrimentos que lhe fora infligido atrás das grades. Primeiro, os olhares cheios de malícia dos companheiros de infortúnio; depois, as acusações verbais e as zombarias descabidas; e, por último, os castigos físicos.

Enquanto isso, parada à soleira da porta,

Eufrozina, com o rosto encharcado de lágrimas, pôs-se a rezar mentalmente: *Meu Deus, tenha piedade do meu pobre filho. Ajude-o, Senhor, para que ele não cometa mais nenhum desatino!*

ᐃ

O infortunado rapaz, sempre alheio aos aspectos morais, via-se agora num beco sem saída; sempre submisso à prática da apropriação indébita, tinha agora na consciência uma sentinela a vigiar-lhe as atitudes.

Como um psicopata que, sem perceber, põe-se a falar sozinho, o infeliz perguntava em voz alta: *o que devo fazer meu Deus? Não posso continuar assim, pois não consigo ficar parado. Emprego nesse fim de mundo não vou arranjar, e o que mamãe ganha é uma miséria!*

Enquanto isso, envolta numa ansiedade sem par, esfregando as mãos de nervosismo, Eufrozina andava pela casa num estado de dar dó. Não sabia onde Débinho estava, muito menos o que estava fazendo. O avassalador desespero lhe criava na tela mental fantasias psicóticas que mais a atormentavam, pois em qualquer movimentação surgida na rua, parecia-lhe que o filho estava sendo espancado ou preso.

Como é triste a uma mãe quando não consegue exercer o controle das atitudes de um filho! Disse-o bem Coelho Neto nos lindos versos a seguir:

Ser mãe é andar chorando num sorriso!
Ser mãe é ter um mundo e não ter nada!
Ser mãe é padecer num paraíso!

Dando trela a seus amargurados pensamentos, Deusdébio permaneceu ali até o momento em que viu uma viatura da polícia aproximar-se da praça onde estava. Encolheu-se todo no banco, torcendo para que não fosse visto.

Após o susto, levantou-se resoluto e foi para casa já sabendo o que deveria fazer: *desaparecer para sempre...*

A pobre mãe estava desesperada... Já tinha feito de tudo ou quase tudo; acendeu velas, repassou por várias vezes todas as contas do velho rosário, mas não conseguiu orar a Deus, devido ao medo que lhe assenhoreava.

O pobre rapaz adentrou a casa procurando pela mãe e, finalmente, encontrou-a frente a um pequeno oratório, e sem pestanejar foi lhe dizendo:

– Mãe, já me decidi... Vou-me embora daqui. Talvez longe, num local onde ninguém me conheça eu possa empregar-me e viver como gente. Aqui não dá mais, pois nossos conhecidos me evitam e muitos deles chegam até passar para o outro lado da rua, somente para não rentear os meus passos.

– Mas, meu filho, e eu? Você acha que é fácil gerar um filho, viver com ele por vinte anos, e separar assim, de uma hora para outra?

– E a minha situação, mamãe? Tremo só ao pensar em ser preso novamente... A senhora não sabe o que passei atrás das grades. Aqueles malditos assassinos, só por estarem enjaulados a um maior tempo, acham que têm o direito de fazer o que querem com alguém que acabou de chegar.

– Ah! Débinho, por favor, não vai não... Eu te imploro!

– Não tem jeito, mamãe, estou decidido...

Não tendo como dissuadi-lo, Eufrozina arrumou suas poucas mudas de roupa numa maleta, deu-lhe todo dinheiro que tinha em casa, e o deixou partir.

A pobre mãe, chorando desesperada, acompanhou-o até a porta, abraçou-o demoradamente, e disse em prantos:

– Vai com Deus, meu filho... Não se esqueça, no entanto, que essa é a sua casa. O dia em que quiser voltar ela estará aberta para você...

Esgueirando-se de um lado ou de outro para fugir da branda iluminação da rua, tomou a estrada que o levaria a um destino incerto e, talvez, para nunca mais voltar.

Enquanto se afastava ligeiro no meio da escuridão noturna, Eufrozina, ralada de angústia, atirou-se sobre o leito e derramou todo pranto não chorado até àquela data.

Quem segue sozinho a esmo, onde quer que se encontre só deve obediência a si mesmo!

Seguindo essa filosofia, quando sentiu que o corpo cansado pedia-lhe arrego, parou e se escondeu debaixo de uma velha ponte; tateou no escuro e conseguiu acomodar-se, dormindo por algumas horas.

Ao amanhecer, desceu até a água, lavou o rosto, ajuntou seus pertences e saiu estrada afora, pois era necessário chegar até uma cidade grande ou, se possível, até a capital. Após caminhar alguns quilômetros, teve a felicidade de dar ajuda a duas senhoras que penavam para trocar um pneu furado. Mais por gratidão que por bondade, a senhora idosa lhe ofereceu carona e, como para quem anda a pé qualquer carona é sempre bem-vinda, acabou topando. Assim, algumas horas mais tarde, foi deixado por elas numa movimentada praça da capital paulista.

Confuso, atarantado pelo barulho e pela grande multidão, caminhou um pouco procurando algo com que pudesse amenizar o estomago vazio. Parou numa barraca, comprou algumas coxinhas e se sentou num banco onde pudesse comer sossegado. Não viu, contudo, que um garoto o seguira de perto, espreitando-lhe os mínimos movimentos.

Com sofreguidão, praticamente devorou as

coxinhas devido à enorme fome que o atormentava, e se pôs a rememorar os últimos acontecimentos. Lembrou-se da mãe que ficou distante, da triste sina que, como um odiento estigma, continuaria a lhe torturar pelo resto da vida.

O calor reinante fez com que Deusdébio cochilasse, e esse cochilo lhe custou caro. Dizem que "um dia é da caça, o outro do caçador", para ele, no entanto, foi o dia em que um ladrão arrependido foi roubado por um ladrãozinho astuto. Quando Débinho se deu conta do que estava acontecendo, o ágil garoto já estava longe, e o pior de tudo, levando-lhe o dinheiro e todos os documentos.

MUDANÇA DE PLANOS

Agora, "sem lenço e sem documento", conforme a antiga melodia da década de 70, o pobre rapaz se viu num sufoco; não conhecia nada, nem ninguém, e voltar não queria...

Retornou à barraca onde comprou as coxinhas e procurou conversar com a dona, uma senhora já sessentona. Contou-lhe o ocorrido com os olhos orvalhados pelo pranto. Ana Mara o ouviu e aconselhou:

– Moço, isso é comum aqui na capital. Hoje em dia, não há mais camaradagem; cada qual só pensa em si mesmo...

– Estou pensando, dona... O que vou fazer agora se eu não tenho mais dinheiro e nenhum documento? Se suspeitarem de mim, poderei até ser preso!

– Pode mesmo, moço... Qual o seu nome e de onde veio?

Pensando mil coisas ao mesmo tempo, teve

medo de dizer o nome verdadeiro e de onde veio. Inventou um nome qualquer e disse ter vindo de Minas...

– Olha José, não sei se o que vou lhe dizer vai ajudar, mas uma grande quantidade de desabrigados vivem arranchados lá nos viadutos... Inclusive, aparecem sempre por lá almas bondosas que os levam para o albergue, onde, além do pouso aconchegante, também dão um reconfortante prato de sopa.

– Mas, o que faço para chegar até lá?

– É longe moço... Você vai ter que tomar um ônibus senão não vai chegar nunca...

– Tomar um ônibus? Mas sem um tostão no bolso, aí que não vou chegar mesmo...

– José, aqui nessa "selva de pedras", como dizem, é difícil encontrar alguém que se interesse pela vida alheia. Têm pessoas bondosas, mas são poucas, e além do mais, ninguém traz uma estrela na testa, para que sejam as primeiras a serem procuradas num desses casos. Tome aqui esses dez reais, não é muito, mas já vai dar para você ir até lá.

– Dona, eu não posso aceitar... A senhora

está lutando com a vida e não é justo repartir o seu lucro comigo...

– Fique tranquilo meu filho. Dizem que quem dá aos pobres, empresta a Deus... Quem sabe o dia de amanhã vai ser melhor para você e para mim também...

Compadecida ao extremo pela sorte de Deusdébio, além do dinheiro, colocou mais alguns salgados em um saquinho para que ele tivesse como matar a fome mais tarde.

Se todos os seres ajudassem o próximo mais próximo, não haveria tantas desventuras!

5

Pedindo informações sobre qual ônibus tomar, conseguiu chegar a um dos viadutos da grande metrópole, mas notou que seria difícil encontrar ali o seu lugarzinho. Ali, ralado de angústia, Débinho viu de tudo: homens e mulheres altercando-se por baboseiras, outros por um pedaço de papelão, e naquela baderna ficava difícil saber quem tinha razão.

Dizem que na "casa onde falta pão, todo mundo grita, mas ninguém tem razão", e era realmente o que se passava ali, apesar de não ser uma casa.

Deusdébio achou o seu espaço ao lado de uma anciã de cabelos brancos e desdentada que foi lhe dizendo:

– Ei o que você está querendo?

– Um lugarzinho para ficar, dona... Estou muito cansado.

– Que fique, mas vou logo lhe avisando que a minha filha é muito brava, é "carne de pescoço"...

– Tudo bem, dona... Só quero descansar um pouco. Quando a sua filha chegar a gente conversa...

Ajeitou-se como pôde e se deitou um pouco... Quando estava começando a pegar no sono, chegou Rosa e deu bronca:

– O que esse matungo está fazendo aqui, mãe?

– É gente de boa paz, Rosa... Disse que chegou hoje de Minas e que lhe roubaram o dinheiro que trouxe, e todos os documentos.

– E eu com isso, mãe? Só espero que esse estorvo não nos dê problemas...

Com todo aquele alvoroço, o rapaz ouviu

tudo passivamente, mas continuou na dele, é claro. *No momento em que ela se acalmar* – pensava – *a gente conversa.*

Horas mais tarde, ao notar pelo silêncio que tudo estava em paz, sentou-se, pois tinha sede. Olhou de um lado e do outro e notou que todos tinham uma vasilha que, certamente, deveria ser água. Vendo que a velhota se conservava acordada e o observava, arriscou:

– Desculpe-me, senhora... Como a gente faz aqui quando tem sede?

– Bebe água, ora essa - respondeu Rosa.

– O moço está com sede? – perguntou Mariana.

– Com muita... A senhora sabe onde posso encontrar uma torneira por aqui?

Rosa, que se mantinha calada, mas observava atentamente o rapaz, disse à mãe:

– Dê um pouco da nossa, mãe... Se esse infeliz for procurar água por aí vai se perder, e pode até encontrar a morte. Trate de beber e fique quieto, pois estou morrendo de sono.

– Desculpe-me, Rosa... Eu só queria água e

não incomodar ninguém.

Após tomar uma boa caneca e ser perguntado se queria mais, Deusdébio agradeceu:

– Não... Muito obrigado. Somente essa basta. Que Deus as recompense.

Não se sabe se é pelo modo educado do rapaz, ou algo que sempre escapa à apreciação da criatura humana, Rosa, que se dizia com sono, perguntou-lhe:

– O moço está vindo de onde mesmo?

– Do sul mineiro, moça. Vim para cá a fim de encontrar uma melhor sorte, mas não deu certo... Roubaram o pouco que trouxe e todos os documentos...

O amor e o ódio simplesmente caminham lado a lado no itinerário humano e, muitas vezes, sobressaem-se em alguns lances da vida, pois as tramas do passado ainda gritam fortemente dentro de cada criatura.

Diferentemente do que Deusdébio imaginava, a filha de Mariana se demonstrou bastante compreensiva e, até certo ponto, amiga. Garantiu-lhe que na manhã seguinte, quando surgisse o sol, sairiam juntos para que ele pudesse dar início à luta pela sua sobrevivência, e também conhecer os lugares perigosos.

۵

Um novo caminho parecia estar se abrindo a sua frente. Rosa deveria ter a mesma idade que ele e, na semiescuridão, não parecia ser feia, apesar dos andrajos.

Débinho a olhava, embora de maneira disfarçada, e pensava: *Ah! Se me fosse possível conquistar a sua confiança, teria uma companhia para esses meus tristes dias!*

Assim que amanheceu e as ruas começaram a apinhar-se de gente, Rosa o acordou e lhe ofereceu algumas bolachas que trazia numa sacola surrada. O rapaz aceitou e comendo algumas a acompanhou pelas calçadas repletas de pessoas que iam e vinham numa pressa sem medida.

Na tentativa de ajudar, foi dizendo-lhe:

– Mineiro, a vida ingrata que levamos não apresenta tantos segredos. É tudo questão de adaptar-se aos acontecimentos de cada momento. Preste atenção, nunca se aproxime de maneira repentina de pessoas bem trajadas quando estiverem portando bolsas ou maletas... Elas têm medo de serem assaltadas e poderão agredi-lo ou denunciá-lo a polícia. É preferível que você peça ajuda longe da aglomeração de pessoas, e não no meio da multidão; sabe-se lá o que pensam que estamos querendo.

– Rosa, desculpe-me... Eu creio ser mais fácil aprender vendo como você e a dona Mariana fazem, não é mesmo?

– Está certo, Mineiro... Vendo o que fazemos você aprenderá. O que temos de providenciar imediatamente para você é uma vasilha, pois ninguém sobrevive nesse lugar sem água.

۵

Há anos em São Paulo, pois que também vieram de fora, tanto ela quanto a mãe conheciam um determinado lugar onde seriam atendidas na medida do possível. Sem lhe dizer o que iria fazer, dirigiu-se a um pequeno comércio e cumprimentou alguém:

– Bom dia dona Hortência, tudo bem?

– Na medida do possível Rosa... O Evaristo deu mal jeito no pé e, apesar de estar numa cadeira de rodas, eu tenho que ajudar a Leonilda a lavar o empório...

– Sinto muito pelo Sr. Evaristo, mas aqui tem mais braços prontos a ajudar, dona Hortência.

Depois de apresentar o companheiro e contar por cima a sua triste história, Rosa e Débinho ajudaram a proprietária e a filha adotiva a lavar o estabelecimento, e saíram de lá com as provisões de alimentação para aquele dia.

A MORTE DE MARIANA

Ao chegarem ao local onde deixaram Mariana, notaram que ela não se encontrava; apenas a caixa de papelão contendo as suas coisas. Perguntando ao velho Juvenal, que também estava preocupado com a demora dos três filhos, obtiveram a seguinte informação:

– Mariana pediu para lhe dizer, Rosa, que não se assuste, pois ela foi à farmácia comprar alguns comprimidos e logo estará de volta.

– O que será que a mãe tem, Mineiro, pois ela não se queixou de nenhuma dor...

– Não deve ser nada grave, Rosa... Daqui a pouco ela estará por aqui.

– É... Não sei não Mineiro, de alguns dias para cá tenho notado que a minha mãe anda tão diferente... Parece sem muita disposição para caminhar, e nem tem se alimentado direito.

– Talvez seja o cansaço devido à idade, minha amiga.

– Tomara que seja só isso...

Uma hora mais tarde, já passando um pouco da hora do almoço, apareceu Mariana. Vinha quase se arrastando...

A filha correu encontrá-la e tristemente ouviu:

– Ah! Rosa, minha filha, ainda bem que Deus ouviu as minhas orações e mandou alguém para cuidar de você...

– O que é isso, mamãe? Não diga tolices; a senhora só pode estar brincando...

– Antes estivesse, minha filha... Sei que não vou aguentar por mais tempo; as dores que tenho sentido e os sonhos que venho tendo me indicam que vou partir desta para uma melhor a qualquer momento.

Dizia isso quando já estavam perto de Deusdébio, e o rapaz não deixou de ouvir as últimas palavras. Vendo lágrimas no rosto de Rosa não conseguiu calar e perguntou:

– O que é que está acontecendo dona Mariana?

– Ah! Mineiro, foi Deus que enviou você para junto de nós... Há algumas semanas ando tendo dores insuportáveis, e só não disse nada para não deixar minha filha preocupada. Agora que você está com a gente não tenho mais necessidade de esconder nada. Por favor, na hora que esta velha fechar os olhos, cuide da Rosa para mim, e trate-a como se fosse uma parente sua... Prometa-me, por favor...

Um tanto sem jeito, pois não sabia qual a reação de Rosa perante aquela situação, Débinho vacilou, mas prometeu:

– Dona Mariana, se a sua filha aceitar a minha companhia, prometo que farei tudo o que puder!

– Está tudo bem, graças a Deus... Posso partir em paz.

E, como uma ave de asas cansadas, deixou que o *vendaval da renovação,* também conhecido como morte, a levasse para bem longe...

۵

Com o falecimento da mãe, Rosa Maria disse que não queria mais ficar naquele lugar, pois caso contrário enlouqueceria. Disse a Deusdébio que conhecia outro local onde poderiam ficar.

Já que não conhecia nada, e nem tinha condições de impor alguma coisa, pensou: *seja o que Deus quiser.* E acompanhou de boa mente a filha de Mariana, sua nova companheira.

E como Deus sabe o que faz, e suas leis não falham, no dia seguinte Juvenal e os filhos também se mudaram para o novo local, pois certamente algo os vinculava ao passado!

No outro local, Rosa deixou de ser arredia e passou a dar maior liberdade ao rapaz, o que provocou entre ambos algo além da amizade, pois passaram a conviver maritalmente.

Entretanto, Débinho não vivia satisfeito com aquela vida, apesar da companhia agradável da moça. Pensava em mudar de vida, em ter uma casa, um local em que pudesse considerar como seu... Começou, então, a pensar em um outro meio de sobreviver, mas não era nada fácil, pois não tinha mais os documentos com os quais pudesse arrumar um emprego e até mesmo alugar, mesmo que fosse algum barraco.

Numa noite em que Rosa estava indisposta, bastante enjoada devido a uma insuspeita gravidez, Deusdébio retirou da velha sacola a melhor roupa que tinha e disse que iria numa farmácia comprar-lhe algum remédio.

Entrou na primeira farmácia que encontrou aberta e notou que passava uma reportagem na TV sobre os catadores de lixo. O rapaz observou, enquanto atendido, a fala de um entrevistado:

– Sou analfabeto, não sei escrever e nem ler, mas no lixão dá para tirar o meu sustento e o da minha família. Tem pessoas que jogam coisas boas no lixo que dá para se aproveitar.

– E dá para você ganhar quanto? – perguntou o repórter.

– Mais ou menos, uns duzentos reais por semana...

Deusdébio se lembrou da mãezinha, que jamais o esquecera em suas orações, encheu-se de coragem e passou a alimentar pensamentos positivos e de confiança, na certeza de que dias melhores chegariam para ele e para a esposa.

Voltou ao viaduto, deitou-se ao lado de Rosa, mas com os pensamentos a mil por hora. Poderia procurar algum desses lixões e, quem sabe, trabalhando duro, conseguiria alugar algum barraco e viver tranquilo ao lado da companheira que o destino lhe dera.

Quando viu a reportagem no televisor da farmácia, pôde notar que o rapaz entrevistado tinha mais ou menos a sua idade, mas com a desvantagem de ser analfabeto. *Quem sabe* – pensava – *com a ajuda da sorte poderia até se dar bem na vida.*

ۿ

Dois meses depois, já sabedor de que Rosa estava esperando um filho seu, fez com que aquele pensamento tomasse corpo e resolveu expor a Rosa Maria o que estava pretendendo. Apenas o medo de contrair alguma doença ao mexer em lixos infestados o impediu de imediato de já ter tomado a iniciativa.

Em suas convicções, agora que iria ser responsável por mais uma vida, a de seu bebê, o medo começou a tomar conta de sua mente diante da necessidade surgida: a de conseguir o sustento e a segurança necessária à Rosa e ao pequeno. Assim, foi à luta...

Primeiro procurou saber onde era jogado todo o lixo, ou a maior parte dele; depois teria que conseguir algum tipo de cobertura para montar um pequeno barraco. Tinha em mente o que fazer, mas tudo lhe era difícil, pois não conhecia ninguém. Rosa, no entanto, num lampejo, acabou tendo uma ideia aceitável e que procurou pôr em prática.

No dia seguinte, procuraram Hortência, a dona do empório que sempre lhes ajudava, e Rosa, adiantando-se, propôs-lhe:

– Dona Hortência, o Mineiro e eu estamos planejando mudar de vida. Estou grávida e não é justo deixarmos que o nosso bebê nasça debaixo de um viaduto. Por isso, se a senhora me permitir, gostaria de lhe fazer uma proposta:

– Que boa notícia você está me dando Rosa... Parabéns pelo futuro bebê. Fale de sua proposta...

– O Mineiro viu na TV um entrevistado dizer que chega a ganhar até duzentos reais por semana, e ficou entusiasmado. Só que para isso precisamos de dinheiro para construir um pequeno barraco onde a gente possa ficar. Aí eu pensei em pedir à senhora algum dinheiro adiantado e, em troca, eu trabalho para a senhora, seja aqui no empório ou cuidando de sua casa, pelo tempo que for necessário.

Hortência analisou detidamente a situação e, nem mesmo de leve, chegou a cogitar de que o casal estava querendo explorá-la; acontecia em seu íntimo algo que ela não conseguia explicar. Era como se dentro de sua mente uma voz lhe pedisse para aceitar, pois estaria livrando-se de culpas passadas, embora involuntárias.

– E de quanto seria esse adiantamento, Mineiro?

– Não tenho noção da quantia, Sra. Hortência. Tenho que ir até onde é despejado o lixo e conversar com alguém... Depois disso saberei o quanto vai ficar um pouco de madeira e algum tipo de cobertura.

– Então faça isso, Mineiro... Se a Rosa quiser, já pode ficar me ajudando. Sei que vocês estão se esforçando e não me custa nada ajudar...

Qualquer idealização visando o bem-estar e a melhoria do ser humano recebe sempre do Plano Superior toda ajuda possível. Somente não segue adiante os que se estacionam na estação do negativismo!

O LIXÃO

Deusdébio visitou um dos locais onde era despejado o lixo e se assustou com a quantidade de pessoas que ali buscavam, além de recicláveis, algo que ainda tivesse serventia. Adultos e crianças, jovens e velhos mais se assemelhavam a um formigueiro em constante atividade.

Aproximou-se de um senhor já de certa idade e lhe perguntou, após cumprimentá-lo cortesmente:

– Faz tempo que o senhor trabalha aqui?

– Se faz, meu filho. Até já perdi a conta...

– E dá para levar uma vida tranquila, moço?

– Dá para se viver... Tranquilidade é muito difícil; creio que poucas pessoas têm nesse nosso Brasil...

– E aonde o senhor e a sua família moram?

– Aqui bem pertinho... O senhor está vendo aqueles barracos logo ali na frente? Um daqueles é meu; moro lá com minha velha. O amigo também está pretendendo vir para cá?

– Acho que sim... Não tenho outra opção, pois no dia em que vim para São Paulo alguém me roubou o pouco de dinheiro e todos os documentos...

– Sinto muito... Isso acontece a todo o momento. Não se pode bobear, senão fica sem nada...

– Meu amigo, o que devo fazer para construir um barraco?

– Isso não é difícil... Com alguns pedaços de madeira, folhas de lata ou até lona plástica se consegue. O pior mesmo é que não estão aceitando que se construam mais barracos aqui perto do lixão. Qualquer tentativa, nesse sentido, eles vêm e se apoderam do material...

– Meu Deus, o que vou fazer?

– Desculpe-me moço, mas qual é mesmo o seu nome?

– Deusdébio, mas pode me chamar de Mineiro.

– Prazer Deusdébio, o meu nome é Jailson.

Olha, ao lado do meu existe um barraco que está vago. Você pode morar nele, pois o dono se envolveu com gente da pesada, foi preso e nunca mais apareceu...

– Mas, isso pode não dar certo; afinal o barraco já tem dono.

– Só que depois que o Gélzio foi preso, já teve gente morando ali alguns meses. Você pode fazer o mesmo...

– Obrigado Sr. Jailson, essa oportunidade vai ser a minha salvação.

ᐃ

Quem luta contra o desânimo acaba afugentando-o para bem longe de si; foi o que aconteceu a Deusdébio. Enquanto Rosa Maria trabalhava como doméstica na casa de Hortência, ele se estabeleceu provisoriamente no barraco de Gélzio, ainda preso, e foi aperfeiçoando-se no processo de seleção e cata de coisas que ainda poderiam render algum dinheiro.

Trabalhava de sol a sol e, à tardinha, voltava para o barraco, preparava a sua comida, jantava e, quando não ia bater papo com Jailson e família, deitava-se mais cedo, pois o "agacha e levanta" do lixão o deixava exausto.

O cansaço e a preocupação com Rosa Maria, no entanto, levava-o muitas vezes a terríveis pesadelos; pesadelos dos quais despertava fatigado e suando frio. Geralmente se via em locais já conhecidos, escondendo-se ou saindo desembestando para não ser agarrado pela polícia. Outras vezes, acordava lutando para livrar-se de amarras a fim de fugir de labaredas crepitantes.

Um dia, ao vê-lo taciturno, abatido, de semblante cansado devido à noite de insônia, Jailson lhe perguntou:

– O que foi companheiro? Parece-me que você não está bem...

– Para falar a verdade, não estou mesmo, amigo. Ando tendo, ultimamente, uns pesadelos que até tem me tirado a vontade de dormir.

– Diga-me uma coisa, Mineiro, você ora antes de dormir?

– Faz tanto tempo que até me esqueci como se reza a Ave Maria, Sr. Jailson...

– Isso é ruim, meu rapaz. No meio da

maldade que existe por aí, sem a oração para ajudar-nos a coisa se complica...

– Muito obrigado pela lembrança Sr. Jailson. Os atropelos que encontrei aqui na cidade grande me fizeram até esquecer da minha santa mãezinha. Ela orava sempre e me ensinou a rezar o Pai Nosso desde criancinha, mas como dizem: a gente só se lembra da oração quando a barriga dói...

Deusdébio praticamente não se lembrava da mãe, mas a pobre Eufrozina jamais o esqueceu. Todas as noites, antes de dormir, sentava-se na cama e endereçava aos céus fervorosas preces em favor do filho querido. Não sabia onde se encontrava, nunca teve notícias de seu paradeiro, mas acreditava em Deus, que ele estava sendo protegido pelo Pai amoroso e bom.

Alguns meses se passaram e o casal só se encontrava nos finais de semana. Rosa Maria já estava às vésperas de ter o bebê, mas continuava trabalhando na casa de Hortência e Evaristo.

Num final de semana, de madrugada, quando a neblina cobria todas as ruas da grande metrópole, Hortência ouviu um gemido vindo do quarto de onde Rosa dormia. Toda agitada, acordou o marido e mandou pedir a Leonilda que fosse até ao quarto de Rosa a fim de verificar o que estava acontecendo.

Evaristo bateu à porta do quarto da filha e transmitiu-lhe o recado de Hortência. Inexperiente, Leonilda atendeu rápido e voltou dizendo que Rosa estava muito mal e que até tinha molhado a cama de tanta dor.

– Evaristo se apronte depressa, pois acho que o bebê da Rosa está querendo nascer; temos que levá-la depressa ao hospital.

– Fique tranquila Hortência, eu me apronto num minuto.

Examinando-a, superficialmente, Hortência percebeu que o caso requeria urgência, pois o ventre de Rosa estava muito baixo e a bolsa amniótica, não aguentando, rompera-se.

Trafegar de madrugada em São Paulo é bem diferente do que qualquer parte do dia, pois o tráfego existente é pequeno e não existe nenhum engarrafamento. Uns cinquenta minutos mais tarde, Rosa estava sendo internada.

Agora, mais que nunca, a onicofagia, ou hábito de roer as unhas, apareceu de forma intensa no pobre Deusdébio. Além disso, andava de um lado para o outro e não conseguia controlar o nervosismo de que se via possuído. Embora Leonilda e Evaristo pedissem que tivesse calma, que estava tudo sob controle, Débinho estava uma pilha de nervos.

JOANITA

Uma hora e meia mais tarde, Joanita já podia ser contada como a mais nova habitante da capital paulista. Era o prêmio, o presente ardentemente esperado pelo casal. Um anjo que desceu das alturas para compensar todo sofrimento e amargura que tinham sofrido até o momento.

Como sempre acontece quando do nascimento de um bebê, a residência de Hortência e Evaristo parecia agora mais iluminada; não que houvessem colocado mais lâmpadas, nem mesmo de maior luminosidade, mas a alegria, o contentamento a irradiar-se em cada semblante dava mostras de que a felicidade estava em visita àquela casa.

No dia em que obteve alta, apesar da alegria que lhe invadia o peito, Deusdébio comentou tristemente com a esposa:

– É uma pena a gente estar enfrentando certas dificuldades, meu amor. Se tivéssemos pelo menos dois cômodos, aqui por perto, a vida seria outra. Tenho medo de levá-la para o barraco onde estou vivendo, pois o legítimo dono pode aparecer a qualquer hora, e é uma pessoa perigosa. Ficar lá, distante de você e da nenê, será também um suplício para mim.

Sem que percebessem, Hortência ouviu a conversa e em seguida procurou o esposo e lhe pediu que a conduzisse até o quarto. Assim que Evaristo trancou a porta, a esposa falou-lhe:

– Evaristo, estive pensando uma coisa... A Rosa vai ficar alguns meses sem poder dedicar-se totalmente a uma ocupação, pois terá que dedicar-se ao bebê. Por outro lado, tenho dó do Mineiro, ter de ficar a semana toda catando lixo longe da esposa e da filhinha. Que tal se os ajudássemos a alugar uma casa, mesmo que sejam dois cômodos, assim eles não precisariam afastar-se um do outro.

– É... Podemos ajudá-los sim. Amanhã mesmo vou ver o que posso fazer em favor deles...

– Outra coisa que temos que pensar – comentou Hortência – se a Rosa vai estar ocupada com o bebê, quem cuidará da nossa casa?

– A Leonilda, meu bem...

– Mas desse jeito você ficará sozinho para atender os fregueses; eu não posso ajudá-lo, pois vou ter que ficar no caixa.

– Só se o Deusdébio me ajudar no armazém... Creio que ele se adaptará com facilidade!

– Bem pensado meu querido, assim o coitado não precisará voltar para o lixão.

ᘁ

Dessa maneira, a bondade de Evaristo e Hortência acabou favorecendo a vida de Rosa e Deusdébio, pois não mais precisavam viver separados.

No entanto, existia outro problema que o casal Hortência e Evaristo nem tinha percebido. No caso de aparecer no empório um agente da fiscalização, correriam o risco de serem multados, pois Deusdébio não tinha nenhum documento; não poderia ser registrado como empregado.

No entanto, para as criaturas que se doam de boamente, procurando beneficiar a quem necessite, as compensações sempre aparecem. Joanita estava com cinco meses e nas tardes dos finais de semana

Rosa e Deusdébio acostumaram a passear com a filhinha pelas calçadas do bairro. Num sábado, antes do anoitecer, um veículo luxuoso parou perto dos dois, e pelo jeito estava com algum problema. Desceu do seu interior uma senhora distinta e perguntou-lhes:

– Qual é o nome dessa rua, meus amigos?

– Rua das Acácias, minha senhora – respondeu Deusdébio.

– Desculpe-me pedir isso, mas estou com algum problema no carro e tenho medo de ficar aqui sozinha até que chegue o meu esposo. Vocês não poderiam ficar aqui comigo até o seu aparecimento?

– Claro que podemos – respondeu Rosa.

Enquanto aguardavam, a senhora rica viu Joanita dormindo como um anjinho dentro do carrinho e pôs-se a chorar... Rosa, um tanto perturbada diante daquelas lágrimas, perguntou-lhe:

– O que foi, minha senhora? Por que a senhora está chorando desse jeito?

– É uma longa e triste história, meus

amigos... Eu tinha um bebezinho, tão lindo quanto o de vocês, mas o destino não quis que ele vivesse por muito tempo. Apesar de todo o nosso esforço, de todos os recursos disponíveis no melhor hospital de São Paulo, o meu João Marcos morreu aos dois aninhos.

– Sinto muito, minha senhora – aventurou Deusdébio – tentando consolá-la.

Após enxugar as lágrimas que desciam sobre seu rosto, um tanto mais conformada, perguntou:

– Vocês moram por aqui?

– Na rua de baixo, um pouco mais à frente...

Enquanto Rosa dava essas informações, um veículo de cor prateada parou atrás do veículo com problemas, e dele desceu um senhor de meia idade, cumprimentou-os, osculou o rosto da mulher e lhe perguntou:

– O que aconteceu Verinha?

– Não sei ao certo, querido... Só sei que ele começou a tossir e apagou de uma vez. Tentei dar várias partidas, mas não pegou.

Agradecida ao casal que lhe fez companhia até o momento, Verinha fez questão de lhes apresentar o esposo. Com a maior naturalidade, passou por cima de regras, etiquetas e convenções mundanas, e falou:

– Esse é o meu esposo Dr. Reinaldo Castanho, meus amigos. Devo agradecer de todo o meu coração a vocês dois, pela agradável companhia, só que ainda não me disseram seus nomes, pois não fomos apresentados.

Débinho, adiantando-se, falou:

– Meu nome é Deusdébio e essa é a minha querida esposa, Rosa Maria.

Aproveitando o ensejo, Reinaldo que já tinha levantado o capô do carro da esposa a fim de verificar se descobria algum defeito, perguntou a Deusdébio:

– Você entende de carro, meu rapaz?

– Infelizmente não, senhor... Sou apenas um simples balconista de empório.

– Querido você já viu que gracinha de bebê eles têm?

E se pôs a chorar novamente...

Reinaldo carinhosamente se aproximou da mulher, envolveu-a nos braços, e disse com suavidade:

– Calma meu anjo... Deus sabe o que faz. Nosso menino está num plano superior ao nosso. Não podemos esquecer-nos que o Pai Maior é Deus, e que Ele sabe o momento exato de nos retirar desse mundo.

– Eu sei, eu sei, querido... É isso que temos aprendido, mas morro de saudade do nosso bebê.

Percebendo que a noite se aproximava e Joanita poderia se resfriar, Verinha agradeceu ao casal, mas antes pediu um cartão de visitas do marido e o entregou nas mãos de Deusdébio dizendo:

– Hoje precisei da ajuda de vocês e me atenderam, se um dia precisarem de mim ou dos serviços do Reinaldo, é só procurar o seu escritório localizado nesse endereço, não é mesmo, meu bem?

– Claro, claro, minha querida... Obrigado por ficarem fazendo companhia à Vera, e vão com Deus...

Quando o amor floresce no coração humano, mesmo que de maneira leve, imperceptível, cria condições para que a alma se torne perfumada, exalando suaves fragrâncias de amor e bondade!

O ADVOGADO

Ao voltarem para casa, Rosa parecia estar agindo como um autômato. Entrou calada, distraída, colocou Joanita no berço e se sentou na sala, sem dizer uma palavra. Questionada pelo esposo respondeu:

– Sabe o que me ocorreu nesse momento, meu bem?

– O que foi Rosa? Não vá me dizer que você está tendo outro pressentimento...

– Não sei se é pressentimento, meu bem, mas estou pensando o seguinte: se você procurar o Dr. Reinaldo ele poderá conseguir todos os seus documentos. Não seria maravilhoso?

– Nem me diga, Rosa. Seria uma benção...

– Então por que você não o procura na segunda-feira? Só que temos de jogar limpo com os nossos patrões... Eles são tão bons para nós!

– E jogar limpo com o Dr. Reinaldo também, pois no caso dele fazer levantamentos para retirada das segundas vias, vai descobrir algo que me deixa muito envergonhado, e que eu não gostaria de comentar com você, pelo menos agora... Um dia, na hora certa, talvez eu crie coragem e lhe conte tudo.

– Não há necessidade, meu anjo. Você tem sido tão bom para mim, que só tenho que agradecer a Deus!

♢

Quando chegou a segunda-feira, Deusdébio procurou Evaristo e teve sorte de encontrá-lo junto de Hortência; um tanto sem jeito, pediu-lhes licença e começou:

– Vocês têm sido muito bons para nós, assim, eu não posso ausentar-me do serviço sem apresentar um motivo. Deparamo-nos, no sábado, com uma mulher, cujo veículo enguiçou, e essa senhora nos pediu para ficarmos com ela até o marido chegar. Quando o esposo chegou, ela, em agradecimento, deu-nos um cartão do marido que é um advogado, e tem seu escritório nesse endereço. Se vocês me permitirem, gostaria de procurá-lo a fim de conseguir os meus documentos, pois se aparecer um fiscal aqui no empório, além de eu ser impedido de trabalhar, vocês vão pagar multa.

– Se Deus quiser não vai acontecer isso, Mineiro – afiançou Evaristo – mas você pode ir sim atrás desse advogado, e boa sorte.

Débinho voltou para casa, vestiu-se melhor e se dirigiu ao endereço indicado no cartão. Apertou a campainha e se anunciou. Ao ouvir a voz da recepcionista, solicitou:

– Eu gostaria de ser atendido pelo Dr. Reinaldo Castanho...

– Entre, por favor. 5.º andar, sala 116.

Ao ter a porta de entrada destravada, o pobre entrou e ficou atrapalhado, sem saber como proceder para ir ao andar desejado; por sorte alguém saiu do elevador e, antes que se afastasse, mesmo envergonhado, falou:

– Desculpe-me, pois eu não estou acostumado com tudo isso, e não sei como fazer para chegar até esse andar...

E mostrou o cartão do Dr. Reinaldo. O cavalheiro lhe disse com espontaneidade:

– É simples... Você aperta esse botão para chamar o elevador, e quando ele parar e abrir a porta, você entra e o ascensorista o levará ao andar que você quiser...

– Está certo... Muito obrigado cavalheiro!

۵

Chegando à sala 116, apertou a campainha e aguardou. Segundos após, um guarda abriu a porta e o conduziu até a secretária do escritório de advocacia.

– Bom dia senhor, em que posso ajudá-lo?

Apresentando o cartão de visitas do Dr. Reinaldo, solicitou:

– Gostaria de falar com esse advogado.

– Um instantinho só, eu vou verificar se ele já pode atendê-lo...

Após desligar o intercomunicador, a secretária lhe indicou a porta, dizendo:

– O senhor pode entrar... O Dr. Reinaldo está a sua espera.

Tremendo de medo, entrou e, em seguida, cumprimentou o advogado:

– Bom dia, doutor... Lembra-se de mim?

– Claro... Você e sua esposa fizeram

companhia a Verinha, minha esposa. Só não consigo me lembrar do seu nome!

– É Deusdébio, doutor...

– Pois não, Sr. Deusdébio, em que posso lhe ser útil?

– Doutor, em primeiro lugar, gostaria que o senhor ouvisse a minha história.

– Vamos lá, pois sou todo ouvido...

– Dr. Reinaldo, nasci numa pequena cidade do interior e, enquanto criança, eu adquiri um péssimo costume, o de roubar. Mamãe me repreendia e eu até aceitava que era errado o que fazia, mas alguma coisa, mais forte que eu, induzia-me àquele hábito. Só roubava coisas pequenas e nunca agredi ninguém, mas cheguei a ser preso. Ah! Doutor, quanto sofri naquela cela de prisão; apanhei como um "cão sarnento", que nem gosto de lembrar-me...

– É... Geralmente acontece isso em nossas cadeias. Os outros presos descontam o que sofreram nos novos que entram. Mas continue...

– Ao sair da prisão, não sabia onde "enfiar minha cara". Vergonha, medo de ser preso novamente, e se não bastasse, tinha que curvar-me diante dos conselhos de dona Eufrozina, minha querida mãe. Vendo que não conseguiria viver mais naquela cidade, fugi numa noite e nunca mais voltei para lá. Pegando carona, cheguei aqui em São Paulo e logo no primeiro dia fui roubado por um garoto. Além de roubar o pouco que trouxe comigo, levou-me também todos os documentos. Desse dia em diante passei a viver debaixo dos viadutos, onde conheci a minha querida esposa.

– E com certeza nem são casados legalmente, pois você estava sem os seus documentos, não é mesmo?

– O senhor está certo, Dr. Reinaldo...

– Pelo que deu para perceber, vocês já enfrentaram grandes dificuldades, mas estão vencendo; agora tem o maior tesouro que um casal pode almejar: uma linda menina!

– Que é a razão das nossas vidas, doutor... E é por ela que estou aqui. Gostaria que o senhor me ajudasse a conseguir a 2.ª via dos meus documentos.

O atencioso advogado apanhou uma agenda e anotou todos os dados necessários para que pudesse providenciar todos os documentos de Deusdébio, e também o número do telefone para contato. Pediu que ficasse tranquilo, que assim que estivesse tudo pronto telefonaria avisando.

O pobre homem, com os cantos dos olhos repletos de lágrimas, perguntou:

– Quanto me custará esse serviço, doutor?

– Deixe isso para quando eu lhe entregar os documentos, Deusdébio. Vai tranquilo, vou facilitar ao máximo para que você não se aperte no pagamento.

Deusdébio lhe agradeceu e saiu exultante do escritório de advocacia. Voltou para casa feliz, e no trajeto pensava: *com os documentos em mãos poderei dar uma vida melhor a minha querida esposa e a nossa filhinha. Deus é Pai de misericórdia e bondade e há de nos ajudar sempre!*

Chegando em casa contou à Rosa Maria tudo o que fez no escritório. Todo feliz, disse que o Dr. Reinaldo lhe garantiu que em breve ligaria para ir buscar os documentos. Percebeu, porém, que Rosa estava estranha, parecia estar sob uma nuvem de tristeza, sem brilho no olhar e que tinha chorado. Preocupado perguntou-lhe:

– O que houve meu bem?

– Ah! Querido... Você nem vai acreditar... O velho Juvenal passou pelo empório e comentou com a dona Hortência que jogaram algum tipo de combustível onde muitos moradores de rua dormiam e, em seguida, atearam fogo. Dois de seus filhos morreram queimados.

– Meu Deus, Rosa, e como foi que o Juvenal, velho daquele jeito, escapou?

– Ele tinha ido com o filho mais velho ao pronto-socorro para fazer curativo em sua ferida e demorou a ser atendido. Quando voltou ficou sabendo que os dois filhos tinham virado churrasquinho humano!

– Nossa, Rosa! Logo o Benedito foi escapar?

– Mas por que você está me dizendo isso?

– Isso o quê, Rosa?

– De o Benedito não ter morrido; não entendi!

– Sabe o que é, meu bem... Eu não vou muito com a cara daquele gorducho... Ele não tirava os olhos de cima de você!

– Ah! Que bobagem meu querido. A gente viveu alguns anos sob o mesmo viaduto e ele sempre me respeitou.

– Ainda bem, Rosa... Ainda bem...

O REMORSO

Rosa já tinha derramado as suas lágrimas, agora chegou a sua vez. Lembrando-se de seus pesadelos, sentou-se numa velha poltrona, curvou-se sobre os joelhos e cobrindo o rosto com as mãos, derramou lágrimas sentidas. Arrependido do que dissera, mesmo não tendo nenhuma afinidade com o filho mais velho de Juvenal, antes disso, ciúmes devido aos olhares que lançava sobre Rosa, mas concordava que morrer queimado ninguém merece!

Rosa penalizada pelo sofrimento do marido se aproximou, sentou-se no braço da poltrona e começou a afagar-lhe os cabelos e, em seguida, falou tentando confortá-lo:

– Querido, procure reagir... Sei que não é fácil receber uma notícia tão triste assim, mas fazer o quê... Deus sabe o que faz.

– Eu sei disso, meu bem. A gente não pode fazer mais nada por eles, a não ser levar algumas palavras de conforto ao velho Juvenal, mas você já se imaginou nós três: você, eu e a Joanita lá naquela hora?

– Nem me diga uma coisa dessas, querido. Nosso Pai Eterno não permita que aconteça isso com a gente! Qualquer queimadura por gordura quente à beira do fogão já é triste, imaginou ver o próprio corpo pegando fogo?

– Pelo amor de Deus, Rosa... Vamos mudar de assunto; morro de pavor só em pensar nessa possibilidade.

ὂ

Como já faltavam alguns minutos para o meio-dia, Deusdébio almoçou com a esposa e se dirigiu ao empório. Chegando, foi até ao caixa a fim de avisar a patroa que estava de volta e, contente, comunicou-lhe que tinha dado tudo certo...
Dentro de algumas semanas teria todos os documentos em mãos.

Hortência, que tinha uma grande admiração e respeito por ele e pela esposa, disse simplesmente:

– Fique tranquilo, Mineiro, na parte da manhã não houve um grande movimento.

Quanto aos seus documentos, fico feliz por ter dado tudo certo.

– Muito obrigado dona Hortência, a senhora e o Sr. Evaristo são uns anjos!

Quase três semanas depois, a secretária do Dr. Reinaldo ligou e solicitou o comparecimento de Deusdébio no escritório. No dia seguinte, uns quinze minutos antes do início do expediente normal, o rapaz já estava sentado na sala de espera do escritório de advocacia.

Assim que o Dr. Reinaldo chegou, solicitou que a secretária o mandasse entrar. Entrou, cumprimentou o advogado e, cheio de ansiedade, perguntou:

– E então, doutor, deu tudo certo?

– Sim meu rapaz, embora algumas informações vindas de sua cidade tenham demorado um pouco a chegar, mas finalmente seus documentos estão aqui em minhas mãos.

– Quanto lhe devo doutor, e como poderei pagá-lo?

– Daqui a pouco trataremos disso, Deusdébio. Diga-me uma coisa: quanto você ganha no armazém em que trabalha?

– Eles me pagam um salário e meio, e um para a minha esposa. Só que ultimamente sou só eu que estou trabalhando, pois a nossa filhinha está com poucos meses de vida e requer cuidados especiais.

– Não tenha dúvida disso, meu rapaz. Crianças nessa idade precisam de cuidados o tempo todo. O que você acha se eu lhe pagar o dobro para você ser o jardineiro e o zelador da minha casa?

– Seria maravilhoso, doutor... Só tem uma coisa: é bastante longe e, certamente, uma parte desse salário eu teria que gastar com a condução...

– Calma, meu amigo, eu me esqueci de lhe dizer que vocês poderão morar na casa que temos no fundo da nossa, e não precisarão pagar aluguel. Veja bem, assim que o bebê estiver com mais idade, a dona Rosa poderá trabalhar também em nossa casa. A Vera vocês já conhecem... É um tanto insegura, mas dona de um bom coração. Tenho certeza que vocês gostarão de trabalhar lá em casa.

– Posso pensar antes de lhe dar uma resposta, doutor? Preciso conversar com a Rosa; não faço nada sem a concordância dela.

– Pode sim, e deve... Se todos os casais agissem assim, nós, os advogados, teríamos menos serviços, mas um mundo melhor. Ah! Eu posso fazer ainda mais por vocês; se aceitarem trabalhar conosco não precisarão pagar os honorários advocatícios sobre as 2.ª via dos documentos!

۵

Deusdébio retornou para casa felicíssimo. Além de estar com os documentos no bolso, tinha uma ótima notícia para Rosa, que possibilitar-lhes-ia uma boa melhora de vida.

Chegou, bateu à porta e chamou:

– Rosa, sou eu, abra, por favor...

Ao abrir a porta, a esposa pôde notar a alegria estampada em seu rosto, e acabou dizendo:

– Pelo seu semblante, deu tudo certo, não é meu bem?

– Mais que certo, minha querida. Diga-me uma coisa: você aceitaria mudar-se daqui?

– Depende meu bem... Para onde?

– Acompanhe-me, vou ver a nossa bonequinha primeiro; preciso pegá-la, mesmo que esteja dormindo. Depois de sentir o seu cheirinho, contarei tudo... Detalhe por detalhe.

E assim, depois de apertar suavemente a filhinha contra o peito saudoso, contou tudo o que conseguiu lembrar à esposa, e lhe perguntou:

– E então?

– Se as condições forem essas, mudando para lá vamos viver no paraíso.

– Que bom, pensei que você não fosse concordar... Antes de tudo, temos que telefonar para ele e pedir para irmos ver essa casa. Ele disse que a casa é pequena, com apenas três cômodos, mas nós estamos vivendo apenas em dois e está dando para gente se virar, não é mesmo?

– Meu bem... E o que vão pensar de nós os nossos patrões? Afinal eles nos têm dado a maior força possível...

– É meu bem, temos que ser gratos a eles, mas nem mesmo Jesus Cristo conseguiu agradar a todos até o dia de hoje!

No dia seguinte, sexta-feira à tarde, Deusdébio ligou ao escritório do Dr. Reinaldo e manifestou o desejo de ir conhecer a casa. O Advogado, sempre atencioso, solicitou que ficassem prontos, que às oito horas iria apanhá-los.

Assim, lá pelas 8h40min as duas famílias estavam entrando na mansão. Reinaldo estacionou o veículo debaixo de uma frondosa árvore, abriu as portas, e convidou:

– Venham, acompanhem-me. Ontem à tarde telefonei à Judite e ela deixou a futura casa de vocês um brinco.

Deusdébio e Rosa foram entrando e ficaram de queixo caído.

A casa estava cheirando à limpeza e tudo arrumadinho; cada coisa em seu lugar. Rosa não estava entendendo o porquê da existência de móveis. Um tanto acanhada, perguntou à Verinha:

– Mas essa casa deve ter gente morando; tem móveis e tudo aqui dentro...

– Não, Rosa – esclareceu Vera. Esses móveis fazem parte da casa. Se vocês aceitarem a proposta que o Reinaldo fez, vocês vão ter a casa mobiliada.

O antigo morador era um senhor de idade e o filho veio buscá-lo para morar com eles...

Às vezes, quando analisamos os fatos segundo a acanhada ótica terrena, se não falamos, pelo menos pensamos: Por que, para muitas pessoas tudo dá certo e, para outras, apesar dos esforços, tudo desanda!

A lei do merecimento funciona perfeitamente em toda parte do Universo. Rosa e Deusdébio tiveram suas vidas tumultuadas no passado. Hoje, no entanto, recebem apoio dos entes queridos e também dos antigos desafetos que lhes prejudicaram e que, arrependidos, hoje os ajudam a fim de corrigir seus erros, segundo as afirmações do Apóstolo Pedro em sua 1.ª epístola: *Acima de tudo, porém, tende amor intenso uns para com os outros, porque o amor cobre multidão de pecados* (I Pedro, 4:8).

A MUDANÇA

O casal adorou as acomodações e também o local onde se situava a pequena casa, logo perto de um grande canteiro de rosas. Acertaram com Reinaldo e Verinha que iriam falar com os ex-patrões e tão logo conseguissem, mudariam.

Retornaram para casa, mas antes passaram no empório e conversaram detidamente com Evaristo e Hortência, explicando-lhes as vantagens do novo emprego. Com os olhos orvalhados de lágrimas, Hortência clamou:

– Logo agora que temos, além de dois filhos, uma netinha, vocês vão nos deixar?

– Sentimos muito, dona Hortência e obrigada por considerar-nos como filhos, nós também os queremos como se fossem nossos pais, mas pode ter certeza que vamos ver-nos sempre. Só estamos pensando no bem-estar de Joanita. Esse bichinho cresce mais que abobrinha e logo vamos precisar de mais um cômodo na casa; lá, pelo menos por uns dez anos a gente não vai ter que se preocupar com isso.

– Vocês estão certos, meus amigos – emendou Evaristo. Vocês são novos e essa é uma das oportunidades que não se deve perder.

Em seguida, com as consciências e os corações aliviados, Débinho e Rosa voltaram para casa. A pequena Joanita dormia tranquilamente, pois percebia que aqueles braços aconchegantes eram de seres que estavam sob a proteção Divina.

Cuidadosamente juntaram o que de mais necessidade tinham: roupas, o resto das compras feitas há duas semanas. Colocaram tudo em duas sacolas e se dirigiram ao empório para se despedirem. Foram momentos gratificantes, a demonstração do carinho, do apreço, coisas que, infelizmente, nem todos os seres cuidam. Após as despedidas, foram até o ponto de ônibus, embarcaram e partiram para uma nova vida.

A chegada de Deusdébio e Rosa à nova casa foi motivo de festa, pois Reinaldo, Verinha e Judite, a empregada, receberam-lhes como parentes que estivessem chegando de região distante. A maneira como foram recebidos serviu para deixá-los mais à vontade. Querendo inteirar-se de imediato das atribuições que lhe competiam, Deusdébio solicitou ao novo patrão:

– Dr. Reinaldo, seria difícil para o senhor dar-me alguma orientação no que devo fazer?

– É simples Deusdébio... Mas não há necessidade de vocês me chamarem de doutor, chamem-me apenas de Reinaldo. Olha, creio que as próprias condições dos canteiros e o tipo de cada flor o ensinarão. Vou entregar a você um livro sobre jardinagem e nele você poderá aprender tudo, e até mesmo tirar alguma dúvida quando existir. A cada quinze metros existe uma torneira e aí é só mudar a mangueira, está bem?

– Está ótimo dout... Quero dizer, Sr. Reinaldo.

– É... mas pode ir também tirando esse senhor, pois me sinto como um jovem garoto...

– *Que amava os Beatles* – complementou Verinha.

E os dois, mais as respectivas esposas, acharam graça da maneira com que as palavras foram ditas e caíram todos na gargalhada. Parecia até serem velhos amigos de outros tempos que voltaram a encontrar-se.

۵

A vida dos novos moradores nos fundos da bela mansão mudou consideravelmente; até mesmo para a pequena Joanita. O fato de morar entre muitas árvores e no fundo de uma casa alta, pouco ou nenhum vento atingia a pequena moradia. Onde residiam antes, ao contrário, em muitos dias, principalmente à tarde, era necessário fechar e vedar bem as janelas do pequeno quarto e, mesmo assim, Joanita vivia sempre resfriada.

Deusdébio se acostumou com o novo serviço. Aquela nova ocupação era para ele como uma terapia se comparada às suas primeiras atividades na existência atual.

Na pequenina cidade, sob a triste influência da cleptomania, sua vida era como um caldeirão fervente; tirava-lhe todo sossego e a paz.

Agora, entre os canteiros de flores, a multiplicidade de cores e o labor diário constituíam-lhe um doce refrigério.

Após cinco anos, apesar da diferença social existente, a convivência entre patrões e empregados era algo que merecia um minucioso e prolongado estudo. Qual a escola de onde vieram aquelas criaturas, e qual a disciplina estudada para que houvesse tanta homogeneidade? Somente as almas que o amor começou a burilar através do tempo e, em diversos avatares, poderia dizer.

Geralmente aos domingos Reinaldo solicitava que Deusdébio ou Rosa ligassem para Evaristo, convidando-o e também a mulher e a filha para almoçarem todos juntos. Nesses dias, a pequena Joanita era alvo da atenção de todos, tanto dos pais quanto dos padrinhos: Evaristo e Hortência. Era tal qual um pequeno pássaro que, ao mesmo tempo em que estava com um, no minuto seguinte estava sendo acariciada por outro.

Numa tarde morna de um domingo quase a findar-se, os dois casais e mais a menina estavam assentados debaixo de frondosas árvores quando Reinaldo perguntou o que tencionava fazer a tempo:

– Deusdébio, eu posso fazer-lhe uma pergunta?

– Claro que sim Reinaldo – respondeu o empregado.

– Qual a religião de vocês?

O rapaz pensou um pouco e depois começou:

– Na verdade, não temos uma religião definida. Acreditamos em Deus e procuramos andar sempre no caminho do bem... Você sabe parte da minha vida, Reinaldo, pois lhe contei quando você conseguiu meus novos documentos. Eu nasci no interior e nunca fui a uma igreja, e Rosa veio com a mãe para São Paulo a procura de uma tia. Quando chegaram no endereço que lhes foi passado, a tia tinha morrido há dois dias e assim ficaram como eu fiquei: na rua da amargura. Diante de tantos embaraços não nos sobrou tempo para procuramos uma igreja.

– É meu amigo, ter ou não ter uma, não é tão importante; quando a criatura humana está curvada sob a cruz das provações terrenas, o fato de não revoltar-se, não reclamar, não blasfemar e sofrer resignadamente já se pode considerar uma pessoa religiosa.

– Desculpe-me Reinaldo, vejo-os saírem algumas noites e sempre chegam no mesmo horário. Creio que vocês vão a alguma igreja... não é?

– Isso mesmo, meu amigo. Vamos ao Grupo Espírita Divina Paz, a uns cinco quilômetros daqui. Vocês não gostariam de ir conosco numa noite dessas? Veja bem, é só um convite, mesmo porque dentro da nossa doutrina não há aquela corrida em busca de novos adeptos.

– Vamos sim, porque não? Quem sabe esse grupo de vocês poderá me esclarecer o porquê de meus pesadelos.

– Que pesadelos são esses... Você pode me contar?

– Sonho sempre que luto com tamanho desespero a fim de soltar-me das amarras que me impedem de escapar de uma fogueira.

– Olha Deusdébio, essas coisas são complicadas. Existe uma possibilidade de fazer uma regressão, mas a bem da verdade, os mentores espirituais pedem que use esse procedimento apenas quando há uma premente necessidade. Mas quem sabe a Stela ou o Aderaldo possam ajudar você a resolver essa questão.

A CASA ESPÍRITA

Na terça-feira seguinte, Verinha os avisou de que naquele dia teria evangelização e passes no grupo que frequentavam e os convidou. Rosa prometeu falar com o marido e lhe daria a resposta, tão logo pudesse.

Meia hora mais tarde, Rosa procurou Verinha e confirmou que iriam juntos; desejava recuperar o tempo perdido, pois desde que saiu dos confins da saudosa Minas Gerais nunca mais adentrou uma casa de Deus. Após confirmar a ida, Rosa Maria deu demonstrações de queria perguntar algo, mas estava receosa de não ser entendida. Verinha percebendo, perguntou-lhe:

– Rosa, parece-me que você está querendo perguntar-me alguma coisa. Fique a vontade...

– Ah! Verinha, só que sinto vergonha de perguntar...

– O que é isso? Não somos amigas?

– O que acontece dentro de um centro espírita? Sabe, a gente houve falar tanta coisa!

– Rosa, não é preciso ter receio algum... Dentro de um centro espírita você vai encontrar pessoas normais como nós mesmas e de semblantes alegres, sorrisos no rosto. Não vai encontrar altares ou imagens, mas se sentirá bem, porque o ambiente é cheio de amor e paz. As rezas feitas em conjunto e em voz alta, com as quais você se acostumou, são substituídas por orações, às vezes silenciosas, e os sermões através da evangelização, pelo menos na forma, são iguais aos das igrejas, só que com um maior conteúdo, pois abrange os dois planos da vida: o material e o espiritual.

– Í... do que você falou eu não entendi a metade...

– É assim mesmo Rosa, mas posso garantir-lhe que se frequentarem com assiduidade acabarão se enturmando com o pessoal e aprenderão muito.

ۍ

Enquanto isso a vida, se é que se pode chamar de vida a dos moradores de rua ou que vivem embaixo das pontes, dos viadutos, continuava complicada para o velho Juvenal e Benedito, seu filho mais velho. Suas feridas, talvez devido à umidade ou a algum poluente, estavam cada vez maiores; o pobre caminhava com bastante dificuldade.

Desde que se mudaram de lá, Rosa e nem mesmo Deusdébio, que às vezes saia para fazer compras, tinham visto os antigos companheiros de infortúnio. Quem lhes dava, de vez em quando, alguma notícia era Hortência, que sempre mantinha contatos telefônicos com os compadres, pois tinham saudades imensas da pequena Joanita.

A última vez que se falaram, Hortência contou a Rosa que houve mais pessoas incendiadas no viaduto. Disse que as autoridades, a polícia e pessoas influentes estavam em busca dos desalmados que praticavam aquelas atrocidades, mas que, até o momento, nenhum incendiário tinha sido preso.

Deusdébio, que agora estava enfronhado no estudo dos livros de Kardec, às vezes se questionava mentalmente: *Meu Deus, será que aquelas pobres criaturas estão resgatando algum crime das vidas passadas? Seja como for, Senhor, vos agradeço de coração por ter me ajudado a afastar-me, em companhia de minha esposa e de nossa querida filhinha, daquele inferno!*

Na primeira oportunidade que surgiu, Rosa perguntou à patroa:

– Vera, você acha que os incêndios nos viadutos têm alguma coisa a ver com o passado de alguns dos que foram queimados?

– Quem sou eu, minha amiga, para responder essa sua pergunta! Pelo que tenho estudado, cada criatura devedora se coloca, por força das circunstâncias, no local onde ocorrerá acontecimentos idênticos aos que causaram no passado; dizem os estudiosos que é a aplicação da conhecida lei da física: *semelhante atrai semelhante,* e que a Doutrina Espírita diz ser: *Lei de causa e efeito.* Agora, afirmar que cada assassino de ontem terá que morrer pela mão de um matador no futuro é o mesmo que admitir que o mal nunca terá fim...

– É complicado para mim, Verinha. Não consigo entender...

– Siga o meu raciocínio, Rosa: o apóstolo Pedro afirmou: *O amor cobre multidão de pecados.* O espírita sabe, ou pelo menos deveria saber, que existem duas maneiras bem diferentes de se corrigir os pecados: sofrendo o mesmo que fizemos os outros sofrerem ou, então, ajudando-os e os amando na vida presente.

– É Verinha... Até eu, que no momento estou dando os primeiros passos no caminho espírita, escolheria resgatar as minhas dívidas através do amor e da caridade. É tão triste sofrer sem saber o porquê do sofrimento!

۵

Alguns anos se passaram, e Joanita já com seis aninhos estava começando a estudar numa escola não muito longe de onde moravam. Como Rosa ainda não sabia dirigir quem a levava de carro era o pai ou Vera, que a adorava como se fosse sua filhinha.

Na vida das criaturas humanas, muitos acontecimentos passam despercebidos, pois as criaturas não notam que estão sendo agraciados com as bênçãos divinas. O amor, a paz, a satisfação plena são bênçãos sublimes dispensadas pelo Criador em favor de suas criaturas, e é sempre uma compensação àqueles que amam verdadeiramente.

Ser amoroso é extraordinariamente melhor *que ter amor,* pois quem tem hoje, pode não tê-lo e estar odiando amanhã, ao passo que a criatura amorosa já o tem incorporado em seu ser, e pode espalhá-lo diariamente em sua vivência.

Era o que estava acontecendo na vida de Reinaldo e Verinha: perderam o bebê, mas não o amor conquistado através do tempo, e que extravasava em favor de quem os circundava em todos os momentos.

Num dia de manhã, antes de ir ao escritório, Reinaldo dirigiu-se até onde estava Deusdébio e o cumprimentou:

– Bom dia Deusdébio, como passou a noite?

– Nada bem Reinaldo...

– Mas o que houve? Os pesadelos de novo?

– Sim, e se não fosse a Joanita me acordar, iria demorar para despertar, pois a Rosa disse que não sabia que a menina tinha perdido o sono à noite.

– É meu amigo, fiquei de falar com Stela ou Aderaldo e até agora estou te devendo isso... Mas não tem nada não, hoje mesmo ligarei a um dos dois, antes mesmo de irmos ao centro.

– Nossa, Reinaldo, para que tanto trabalho? São apenas pesadelos... que infelizmente muita gente tem.

– Mas os seus são sintomáticos... Sempre a mesma coisa! Eu creio que podemos fazer alguma coisa para que isso melhore.

۵

Passavam poucos minutos das dezenove horas quando Reinaldo estacionou o carro um pouco à frente do centro. Enquanto se dirigiam ao centro, o patrão de Deusdébio percebeu que Aderaldo estava vindo do outro lado da rua, então o esperou, apresentou os amigos e lhe disse:

– Aderaldo, este é o irmão de quem lhe falei ao telefone. Você pode ceder uns dez minutos do seu tempo?

– Como não? Será um prazer... Vamos

entrar e usar as dependências do escritório, assim teremos maior privacidade.

Entraram os três, enquanto Verinha, Rosa Maria e Joanita se dirigiram ao salão. Aderaldo solicitou que os dois se assentassem a sua frente, e dirigindo-se a Deusdébio, perguntou-lhe:

– Há quanto tempo você tem esses pesadelos?

– Começou quando vim do interior. Deve fazer uns oito anos. Lembro-me de ter tido esse tormento apenas uma vez, enquanto criança; mamãe até me levou a uma benzedeira...

– E o que ela disse à sua mãe?

– Que era apenas um "encosto"... Foi aqui em São Paulo que consegui perceber que esses sonhos ruins estavam se repetindo muito.

– Você presenciou algum dia em sua vida, incêndios em que pessoas foram devoradas pelas chamas?

– Graças a Deus não... Já não estávamos mais lá quando os incêndios começaram a acontecer...

– É... Esses incêndios certamente têm alguma

ligação com os seus pesadelos, mas fique tranquilo, pois se vocês saíram antes que acontecessem tais incêndios é porque estavam sendo guiados pelas mãos Divinas. Pelo que posso deduzir, você e sua esposa tem muita proteção.

TRAUMAS

Aderaldo prometeu que iria estudar o caso para saber qual a medida mais acertada a fim de resolvê-lo. Deixaram o local onde se reuniram e foram ao salão, onde começariam em alguns minutos os trabalhos da noite. Reinaldo e Deusdébio se juntaram as esposas, e Aderaldo foi para o seu posto de trabalho, ou seja, a presidência da reunião.

Após a prece de abertura, o presidente passou a palavra à Joelma, encarregada da evangelização da noite, e o tema escolhido, aleatoriamente, tinha estreita relação com o assunto que Aderaldo atendeu minutos antes: *Causas anteriores das aflições – capítulo V de O Evangelho Segundo o Espiritismo, de Allan Kardec.*

Através da inspirada explanação da simpática oradora, os presentes conseguiram verificar que toda má ação da criatura humana deve ser corrigida, cedo ou tarde, e que o querido Criador sempre leva em consideração o esforço efetuado para que tudo se harmonize.

Enfatizou a necessidade de se enfrentar o sofrimento com ânimo, sem desespero, pois o desânimo e a desesperação sempre tendem a piorar qualquer situação, que somos os únicos responsáveis pelos erros que cometemos na atualidade ou no passado, e que jamais alguém corrige os erros que não sejam os seus.

Vinte minutos antes do final da reunião, grupos de dez pessoas foram convidados a seguirem até a câmara de passes, a fim de serem beneficiados pelos eflúvios superiores trazidos pelos mensageiros celestes.

Assim que Deusdébio se aproximou de Stela a fim de receber o passe, pôde perceber que a médium falou algo aos ouvidos de uma auxiliar. Sentou-se comodamente e recebeu as emanações fluídicas através do passe reconfortante. Em seguida, percebeu que a auxiliar de Stela trouxe consigo outro médium, e que este se sentou ao seu lado direito. Sentiu no momento uma onda de calor insuportável e se apavorou; praticamente não conseguiu ouvir o que o médium ao lado falou.

Findos os passes, despediram-se de Aderaldo e de Stela, que já se encontrava no salão de evangelização, e retornaram aos seus lares.

Um tanto amedrontado, perguntou ao patrão:

– Reinaldo, aconteceu comigo algo estranho na câmara de passes... Quando, a pedido de Stela, sentou-se ao meu lado um senhor baixinho, senti um forte calor que pensei não resistir...

– Já estou sabendo, meu amigo, pois a Stela me contou. A entidade que falou pela voz do Silvestre apenas disse o que eu já suspeitava... Você vive em constantes pesadelos devido ter morrido na vida passada sobre as chamas de um incêndio.

– Mas como morri num incêndio? Por acaso foi numa queimada em algum campo?

– Não... Amarraram você, jogaram diversos colchões em cima e atearam fogo; eram seus inimigos.

– Meu Deus, é por isso que quando penso nos amigos e conhecidos que morreram incendiados no viaduto até me dá arrepios...

– Procure, meu amigo, orar sempre a Deus em favor desses seres, e pode ter certeza que os seus pesadelos desaparecerão para sempre!

۵

No final daquela mesma semana, Hortência ligou desesperada para Rosa e lhe perguntou:

– Rosa, por favor, minha filha, fale-me sobre o centro em que vocês vão com o patrão de vocês.

– O que a senhora quer saber exatamente, dona Hortência?

– Se é lugar de dar medo... Se a gente corre algum perigo em ir até lá.

Rosa Maria, mesmo segurando para não rir, a antiga patroa percebeu e lhe perguntou:

– O que foi Rosa, você não me ouviu?

– Ouvi sim, dona Hortência. Olha, tudo o que a gente houve falar por ai é mentira. O ambiente de um centro espírita é tão gostoso que nem dá vontade de sair de lá. Por acaso a senhora teria medo de entrar na casa de Deus?

– Ora, isso não... De jeito nenhum...

– Então, fique tranquila, pois quando precisar eu irei com a senhora. Mas, o que está acontecendo?

– Você se lembra daquele cara que a gente apelidou de "o homem do carro preto", o que a minha Leonilda estava namorando?

– Sim, lembro-me... O que aconteceu?

– É casado e pai de dois filhos... E a pobrezinha, ao descobrir, ficou arrasada.

– Mas não é para menos, não é dona Hortência? Coitadinha da Leo, tão boazinha...

– Pois é Rosa, se você acompanhar-nos tentarei convencê-la a ir nesse centro, pois não aguento mais vê-la chorando pelos cantos.

– Faça isso dona Hortência, convide-a e se, por acaso, ela não quiser, a senhora e o Sr. Evaristo deverão ir, pois mesmo ela não indo, a simples presença de vocês e mais as orações poderão ajudá-la, e muito.

ა

Na semana seguinte, conforme tinham combinado, Evaristo, Hortência e Leonilda aguardaram com o carro estacionado em frente à mansão de Reinaldo. Ao avistarem o carro saindo do grande portão, Evaristo deu dois toques na buzina e sinalizou para que seguissem, pois ele seguiria logo atrás.

Assim, a rua onde se situava o centro espírita recebia mais um veículo, e dentro dele, pessoas com novos problemas a serem resolvidos.

Os convidados de Rosa Maria saíram maravilhados da casa espírita. Nunca estiveram, segundo Hortência, num local onde se pudesse sentir tanta tranquilidade, tanta paz. Até mesmo Leonilda com seu modo arredio, mostrava sorrisos no rosto e até aceitou ver a sala de evangelização infantil com Joanita. Era a influência do amor ensinado por Jesus, provocando maravilhas.

No segundo mês em que estavam frequentando as reuniões, os pais perceberam que a filha mudara completamente. Já não ficava mais apática e nem a cismar como se estivesse alheia a tudo, e parecia acreditar que se é possível encontrar a felicidade; agora conversava, cantava e até arriscava a contar alguma piada vista na *internet*.

Certamente, o procedimento equivocado do passado, ao se fazer a segunda na vida de um pai de família, agora já estava a se diluir sob as bênçãos do Criador, que, segundo Jesus, *se regozija ao encontrar a centésima ovelha, que estava perdida, mas foi encontrada* (Lucas, 15:7).

ᐃ

Com o passar do tempo, novos aprendizados, novas amizades e o amor sempre crescente em cada coração.

A convivência feliz pode tornar-se uma realidade na vida humana, pois a felicidade não é advinda daquilo que se consegue comprar com os valores passageiros do mundo terreno. Ninguém vai a uma farmácia para comprar uma drágea de Felicidade ou um comprimido de Paz.

A paz, principalmente a da consciência, é uma conquista individual, e é conseguida por meio do esforço e da reforma íntima.

Alguns anos se deslizaram na esteira do tempo, e agora Joanita já se preparava para a festa dos seus quinze anos, que Verinha e Reinaldo fizeram questão de patrocinar.

Naquela festa, apesar da visão dos anfitriões e convidados estar ofuscada pela iluminação da cidade, a abóbada celeste se cobriu maravilhosamente de cintilantes estrelas dando um colorido especial à noite dos quinze anos de Joanita.

O zimbório celeste recamado de astros e estrelas brilhava tanto que a frágil visão humana não tinha capacidade de perceber todas as nuances e, no salão da grande mansão, uma estrela, que todos amavam pela sua graça e beleza, era cumprimentada e com olhares de admiração pelos colegas da escola, pelos amigos e conhecidos.

Assentados num canto da grande sala, longe do agito dos mais jovens, Deusdébio e Rosa Maria falavam à meia voz:

– Nossa, querido, você já chegou a imaginar que um dia pudesse estar vivendo esses momentos?

– Jamais, meu bem... Parece-me que é sina de todo ser infeliz e sofredor do mundo, pensar somente em coisas ruins; eu sempre pensei no pior. Enquanto menino, sob a influência da cleptomania, horrorizava-me com a ideia da cadeia; depois, ao conhecê-la, o medo de não poder dar a você e a nossa filhinha nada além de misérias. Hoje, porém, com as graças de Deus, o conhecimento espírita faz-me pensar diferente, faz-me crer que: *cada criatura plasma o seu próprio futuro.*

RECONCILIAÇÃO

Meses depois do aniversário de Joanita, as três famílias se encontraram por acaso, como se acredita, ao estacionarem seus veículos ao mesmo tempo em frente ao centro, onde frequentavam.

Cumprimentos, abraços e um inusitado convite de Reinaldo à Hortência para segui-lo, pois, segundo ele, foi solicitação do mentor espiritual de Stela.

Um tanto ressabiada, Hortência se deixou levar e em poucos segundos estavam em frente da bondosa médium, que já os esperava numa das salas da casa espírita. Após cumprimentá-la, Reinaldo pediu licença e saiu, deixando as duas mulheres sozinhas. Stela, amável como sempre, pediu-lhe:

– Minha querida amiga, sinta-se à vontade... Talvez a senhora esteja se perguntando o porquê de estar aqui em minha frente, não é?

– Sim! Confesso que fiquei um tanto preocupada quando o Reinaldo pediu para conduzir-me à sua presença, dizendo que a senhora queria falar comigo!

– Na verdade, não sou eu quem quer falar com a senhora, mas sim um ente querido de suas vidas passadas...

– Mas como? Isso pode acontecer?

– Eu explico. Nosso Deus é tão bom e permite sempre que sejamos auxiliados por aqueles que nos querem bem, e que nos antecederam na grande viagem. Vamos unir-nos em oração e rogar a Deus suas bênçãos sacrossantas, preparando-nos, assim, para que se aproxime de nós essa entidade iluminada.

Após uma fervorosa prece, Stela pôde presenciar, através do precioso dom da vidência, a aproximação de uma entidade de alta elevação espiritual. Transmitindo intuitivamente tudo o que ouvia, Stela passou a orientá-la:

– Irmã Hortência, a abnegada entidade trabalha há séculos promovendo o progresso espiritual do grupo familiar a que a irmã está vinculada. Solicita o seu amor, a sua generosidade em favor de alguém que está prestes a concluir a sua penosa tarefa nesta atual existência. Ela deixa bem claro que tal solicitação não lhe está sendo imposta, mas sim como um convite a um dever a ser cumprido.

– Meu Deus, claro que sim! Desde que conheci essa bendita doutrina estou esforçando-me ao máximo a fim de não perder nenhuma oportunidade de ajudar... Mas o quê e a quem?

– Existe um senhor que carrega consigo feridas imensas... Tanto físicas quanto as que têm dentro do coração por perder três filhos para as labaredas redentoras.

– Já sei de quem se trata... Agradeço de coração a nobre entidade pela oportunidade a mim sugerida, e prometo que farei tudo o que for possível...

ὤ

Com o afastamento da bondosa entidade, aquele gratificante encontro foi encerrado. Stela se curvou, abraçou a companheira, sentindo-se feliz por ter servido de intermediária à nobre entidade, em nome do Senhor do Universo. No entanto, Hortência quis esclarecer sua dúvida:

– Por que a entidade mencionou três filhos perdidos pelas chamas quando, na verdade, um filho de Juvenal ainda está vivo?

– É minha cara irmã, os espíritos superiores não costumam equivocar-se... Deve haver uma explicação lógica para isso.

– Certamente... Ou talvez a entidade saiba que está destinado a Benedito a mesma sina dos irmãos: Onofre e José.

– Nós cumprimos um dever, minha querida... Isso é o que importa. Entreguemos esse caso nas mãos do nosso Amantíssimo Deus.

Ajudada pela amiga, dirigiu-se ao salão para juntar-se ao esposo e à filha, enquanto Stela foi cuidar de outros afazeres.

Os trabalhos da noite, como sempre, terminaram no horário de costume. Após se despedirem de Deusdébio e família, assim como de Reinaldo e Verinha, Hortência, Evaristo e Leonilda se dirigiram para casa. Ao chegarem ao bairro em que moravam, diversas famílias se aglomeravam na rua.

Hortência, pressentindo que tivesse acontecido algo de anormal, comentou com o esposo e com a filha:

– Eu não sei não, mas algo terrível deve ter acontecido para haver todo esse alvoroço.

– Eu também acho, mamãe...

Aproximando-se vagarosamente, Evaristo parou o carro e perguntou:

– O que aconteceu, minha gente?

– Incendiaram mais alguns coitados, Sr. Evaristo – disse um dos vizinhos.

– Não é possível, até quando vai continuar essa barbaridade?

– Sr. Evaristo, o nosso mundo está piorando cada vez mais - comentou uma senhora.

– São as criaturas que estão piorando, dona Tereza... Já não há mais tranquilidade em lugar nenhum...

– É verdade... Eu mesma, se o Francisco topasse, mudaria amanhã mesmo para o interior, pelo menos lá é mais fácil achar e prender esses bandidos.

ბ

Evaristo colocou o veículo na garagem,

entrou e, enquanto tomava um chá acompanhado de deliciosos biscoitos, perguntou:

– Hortência, o que houve para a Stela querer falar com você?

– É meu querido, estou até agora arrepiada...

– Mas por quê?

– Uma entidade que faz parte da nossa família espiritual me fez um pedido, e tal pedido me deixou uma dúvida... Creio que agora essa dúvida está esclarecida...

– Fale querida, não nos deixe agoniados.

– A entidade me pediu para socorrer o Sr. Juvenal, pois ele faz parte do nosso passado. Disse ainda que, além daquelas horríveis feridas que não se cicatrizam, tem no coração feridas maiores devido aos três filhos devorados pelo fogo. Depois que aquele espírito iluminado foi embora, comentei com Stela que eram apenas dois, e não três, os filhos que Juvenal perdeu nas chamas. Mas agora estou pressentindo que estava enganada. Que Deus tenha piedade daquelas almas.

– Mas essa entidade pediu a você para ajudar o Juvenal?

– Não exatamente... Sugeriu como um dever, e não como uma obrigação.

– Então quer dizer que vamos ter que aturar o velho aqui em nossa casa?

– Coitado papai... Ele já era uma pessoa triste e amargurada, e se agora ficar sem ninguém?

– Está bem minha querida; se for para ajudar, estamos perdendo tempo. Vamos pegar o carro e procurá-lo por aí, pois se o filho é um dos incendiados, o pobre deve estar desnorteado...

Depois de muita procura, encontraram-no agachadinho num canto... O pobrezinho chorava, lamentava-se e dizia em completo desespero:

– Ah! Meu Deus! Por que isso agora? O que vou fazer se o Senhor levou o meu último arrimo? Quem cuidará de mim?

– Nós Juvenal – falou Evaristo. Aqui estamos para levá-lo conosco para casa. Temos nos fundos um cômodo vago onde o senhor poderá ficar...

– Ó Cristo... Depois de velho, quase no fim da vida, só fico dando trabalho para os outros. Por que o Senhor não me leva também para junto de meus queridos filhos?

– Vamos Juvenal, levante-se e agradeça a Deus, porque ninguém vive esquecido nesse mundo!

ട

Juvenal se deixou levar como se fosse um tecido surrado e já esgarçado pelo uso e pela ação do tempo, sem saber que estava novamente na companhia dos antigos companheiros da antiga fazenda, que no momento era administrada e conduzida por um de seus herdeiros, ou seja, um dos seus próprios bisnetos.

O REENCONTRO

No dia seguinte, enquanto as manchetes de todos os jornais estampavam fotos e versões diferentes do ocorrido na noite anterior, Juvenal, apesar de estar amparado e entre pessoas amigas, mantinha os olhos inundados de causticantes lágrimas; quem sabe se tivesse exposto os olhos à fumaça de um incêndio qualquer, *sem mortes,* talvez não estivessem assim avermelhados de tanto chorar.

Pelas bênçãos de Deus, os últimos acontecimentos estavam facultando a reunião dos que antigamente viveram na antiga Fazenda Boa Esperança. Reinaldo e Verinha, pelo modo simples de encarar a vida e sem se deixarem corromper pelo orgulho, pelo egoísmo, viviam felizes ao lado de Deusdébio, Rosa Maria e Joanita, sem dar-se conta de que estavam ajudando àqueles que lhes nortearam os passos na vida anterior.

Acidentada meses depois do casamento e

impossibilitada de ser mãe, Hortência adotou a antiga rival como filha do coração, e agora, já liberada das amarras do ciúme doentio estava recebendo em seu lar o antigo consorte, numa demonstração de que as luzes da doutrina espírita lhe modificaram interiormente.

Evaristo José Aleixo, em troca de míseras moedas, espantou o animal atendendo ao ciúme de quem hoje o ajuda a criar a filha adotiva.

Juvenal pranteou amargamente a morte dos seus três filhos nos incêndios criminosos e, incontestavelmente, teve a consciência serenada devido à expulsão de criaturas honestas e com isso ter obrigado um de seus membros a roubar para poder sobreviver.

Deusdébio, depois que começou a frequentar as reuniões da casa espírita, tinha melhorado sensivelmente. Seus pesadelos já tinham desaparecido por completo, porém, quando pensava na mãe, um amargor profundo o torturava.

Numa noite quente de janeiro, Rosa percebeu que o esposo estava com insônia, pois revirava na cama e não conseguia dormir. Acariciou-lhe o rosto e perguntou:

– O que está acontecendo, meu bem?

– Não consigo pegar no sono Rosa. De repente, lembrei-me de mamãe e me deu uma tristeza imensa...

– Tranquilize-se querido, deve estar tudo bem com ela, mas se você quiser, a Joanita e eu iremos até a sua cidadezinha e lhe faremos uma visita.

– Eu é que deveria ir, meu bem, mas me falta coragem. Deve ainda existir muitos conhecidos naquele fim de mundo...

– Vamos fazer o seguinte, Débinho: fechemos os olhos nesse momento e façamos uma oração em favor dela; se ela estiver doente, certamente os eflúvios divinos a ajudarão e também farão com que você adormeça. Amanhã a gente combina o que fazer, está bem?

– É melhor mesmo meu anjo. A bençáo da oração é um doce refrigério nos momentos de tristeza.

No dia seguinte, uma sexta-feira, Deusdébio levou a esposa e a filha até a rodoviária, comprou as passagens e as orientou o que deveriam fazer quando chegassem à pequenina São João dos Prados.

Duas horas e meia mais tarde, o velho ônibus estacionou em frente a uma rodoviária que mais parecia um armazém de estocagem de cereais.

Desceram, caminharam um pouco a fim de aliviar um pouco a dormência das pernas, e perguntaram a uma senhora:

– Por favor, onde fica a Rua Itararé?

– É só seguir em frente e dobrar a esquerda na quarta rua...

– Obrigada, minha senhora, pela informação, e que Deus a abençoe.

Cinco minutos após, já tinham alcançado a rua procurada, e agora só faltava encontrar o n.º 87. Andaram alguns metros abaixo e, finalmente, encontraram a casa onde Deusdébio tinha nascido.

Bateram à porta e nada... Tentaram mais algumas vezes e, finalmente, chamaram pelo nome:

– Dona Eufrozina...

Nisso a vizinha do lado direito abriu a porta e informou:

– A Eufrozina não está... Vocês a encontrarão no asilo...

– Mas o que houve com ela? Parece-me que ela não é tão velha para ficar num asilo!

– E não é mesmo... Só que depois que a catarata aumentou e a deixou cega, não tinha mais condições de viver sozinha. A gente até ajudou com o que pôde, mas um advogado, conhecido dela, veio até aqui e a levou ao asilo.

– Coitada!

– Mas o que vocês são dela?

– Ela é minha sogra... Sou a esposa do Deusdébio.

– E como ele está? Lembro-me até do dia em que ele nasceu... Coitadinho.

– Ele está bem, graças a Deus. Veja que linda filha nós temos.

– Benza Deus, dona ...?

– Rosa Maria, minha senhora...

– E eu me chamo Joanita.

– Um bonito nome... Também, uma moça bonita como você só pode ter nome bonito. Vocês não querem entrar?

– Não podemos, minha senhora. Temos que ir até ao asilo a fim de visitá-la... Se a senhora nos der um copo d'água nós aceitamos.

Tomaram a água e saíram rumo ao asilo, pois os planos deveriam ser mudados. Ela iria telefonar ao esposo e sugerir a ele para levar a sogra a São Paulo, pois seria uma falta de caridade deixá-la num asilo.

Telefonou para casa e ninguém atendeu, pois com certeza o marido estava cuidando do jardim. Telefonou então a Verinha e lhe pediu para chamar Deusdébio.

A empregada foi até um dos canteiros e de longe gritou:

– Deusdébio, telefone para você... É a Rosa Maria.

Correndo feito doido apanhou o fone da mão de Judite e atendeu:

– Alô, meu anjo, chegaram bem aí?

– Chegamos, graças a Deus... Está tudo bem conosco, mas a dona Eufrozina está cega e internada num asilo.

O pobre rapaz se esforçou para que a esposa não percebesse que estava chorando, mas ela percebeu e o confortou dizendo:

– Não chore não querido... Ela está bem de saúde, apesar da cegueira. Ela e a nossa filha estão caminhando juntas agora. Ouça, meu bem, eu gostaria de levá-la conosco, o que você acha?

– Concordo meu bem. Só tem uma coisa, o dinheiro que você tem dá para comprar três passagens de volta a São Paulo?

– Já verifiquei isso, amor... Dá sim...

– Então, traga a mamãe. Não vejo a hora de estreitá-la em meus braços.

ɑ

Rosa procurou a direção do asilo e manifestou o desejo de tirar a sogra do asilo e levá-la para casa. A madre-superiora, diretora do asilo, talvez obedecendo a regras internas, perguntou à paciente:

– Eufrozina, você tem certeza que quer deixar essa casa e ir morar com o seu filho e família?

– É o que mais quero irmã...

– Mas você não tem nenhum receio? Lembre-se do passado dele!

– O passado ficou para trás irmã... Meu esposo é um homem de bem e um excelente pai.

– Tenho minhas dúvidas – argumentou a irmã Leonora.

Joanita não aguentando mais o atrevimento e o desamor da madre, perguntou-lhe:

– Por que irmã? No seu conceito uma pessoa não pode se modificar? Por acaso a senhora nunca estudou a vida de Maria de Magdala?

– Tudo bem... A vida é sua Eufrozina, se você der com os burros n'água não reclame depois...

Findos os procedimentos normais no Asilo São Vicente de Paulo, Rosa esperou que a sogra almoçasse e, enquanto isso, chamando a filha de lado, disse-lhe:

– Querida, devido à compra de mais uma passagem, o nosso dinheiro não dá para almoçarmos. Um sanduíche de pão e queijo ou mortadela, você come bem?

– Claro que sim, mamãe. Para levar a vovó eu toparia ficar vários dias sem comer...

ﻩ

A saída do ônibus da pequena São João dos Prados se deu às quatorze horas, e às 17h30min as três estavam chegando na mansão de Reinaldo.

Assim, Eufrozina retornou para junto do filho, tendo ainda, pela bondade e misericórdia de Deus, o carinho e os afagos da nora e da neta, para compensar todos os anos da triste ausência de Débinho.

Das orações recitadas verbalmente, lembrava-se da noite em que seu velho rosário soltou as contas e, devido ao problema visual já adiantado, a partir daquela noite quantas vezes derramou sentidas lágrimas orando sem ele, no silêncio do seu quarto.

Deusdébio, felicíssimo, apresentou a querida mãezinha aos queridos patrões; e Reinaldo, o bem sucedido advogado, apesar de acreditar nas sucessivas vidas corpóreas, jamais poderia imaginar que no passado, quando bebê, foi levado algumas vezes pela mãe à casa de dona Guilhermina para receber seus benzimentos e se curar da *Monilíase Bucal,* mais conhecida como *sapinho.*

ꕔ ꕔ ꕔ ꕔ ꕔ

ᐃ ᐃ ᐃ ᐃ ᐃ

Assim, querido leitor ou leitora, ao findar este nosso humilde trabalho, queremos lhe dizer que nada passa despercebido da rigorosa vigilância da Justiça Divina. Toda justiça exerce certo tipo de coação, e é natural que seja assim, pois toda liberdade propensa à libertinagem deve ser coibida.

A Justiça Divina, juíza incorruptível dos deslizes humanos, chega até nós sempre acrescida de amor...

Do grande Amor de Deus!

Que o Excelso Pai possa abençoar àqueles que as ardentes chamas consumiu, e que possam estar livres da triste sensação de serem cremados sem estarem mortos.

Abraços, e que Jesus nos abençoe!

Antonio Lúcio
Luciano Messias

ROMANCES DO ESCRITOR
ANTONIO LUCIO
PUBLICADOS PELA
EDITORA CEAC

**Três
almas e um
destino
2010**